KB036690

음식, 그 상식을
뒤엎는 역사

새우와 고래가 함께 숨쉬는 바다

음식, 그 상식을 뒤엎는 역사

지은이 | 쓰지하라 야스오
옮긴이 | 이정환
펴낸이 | 전형배
펴낸곳 | 도서출판 창해
출판등록 | 제9-281호(1993년 11월 17일)

초판 1쇄 발행 | 2002년 9월 12일
초판 4쇄 발행 | 2003년 11월 25일

주소 | 121-250 서울시 마포구 성산동 209-5(진영빌딩 6층)
전화 | (02) 333-5678 (代)
팩시밀리 | (02) 322-3333
홈페이지 | www.changhae.com
E-mail | chpco@chollian.net
* CHPCO는 Changhae Publishing Co.를 뜻합니다.

ISBN 89-7919-389-0 03380

값 8,000원

ⓒ 창해, 2002, Printed in Korea

※ 잘못된 책은 바꾸어드립니다.

음식, 그 상식을
뒤엎는 역사

지은이 | 쓰지하라 야스오

옮긴이 | 이정환

창해

'음식'의 탄생과 진화

음식은 인류의 생활과 생존에 있어서 빼놓을 수 없는 요소임과 동시에 문화적인 행위이다. 또 각각의 민족이 서로 다른 체험과 지혜에 바탕을 두고 발달시켜온 조리 방법과 식탁 예절 등은 귀중한 문화 산물이다.

따라서 음식 문화는 비록 체계적이지는 못하더라도 인류의 생활이나 생존과 관련된 '과학'이다. 분명 우리가 흔히 표현하는 기호나 음식 재료, 조리학, 식생활에서의 영양 분석에 근거를 둔 영양학과는 다르다. 그런데도 먹는 행위를 문화로 받아들이는 관점은 지금까지 등한시되어온 부분이 많다.

음식의 역사는 '인류 지혜의 역사'라고도 말할 수 있다. 처음에는 공복을 채워 생명을 유지하는 수단에 지나지 않다가, 이윽고 주변의 자연 환경을 개량하고 연구를 거듭해 점차 풍요로운 식생활을 영위하게 되면서 인류는 먹는 행위에 문화적인 가치를 요구하게 된 것이다.

그러나 그 역사를 되밟아보면 우리가 얼마나 그릇된 선입관에 얽매여 있었는지 새삼 깨닫게 되는 내용이 너무나 많다.

프랑스 요리가 아주 오래전부터 세계 최고 수준이었던 것은 아니고, 한국 요리도 매운맛을 지니게 된 것이 불과 2세기 정도에 지나지 않는다. 또 카레라이스라는 요리는 본고장 인도에서는 찾아보기 어렵고, 증류주는 금주 계율이 엄격한 이슬람 문화권에서 탄생했다는 사실 등 여러 가지 오해와 허상이 존재한다.

이런 내용들을 '상식의 맹점'이라는 식으로 무시해버리는 것은 간단한 일이지만 맹점이기보다는 오히려 원점으로서 재검토해보아야 하지 않을까?

풍요로운 식생활이란 다양한 문화와의 접촉이나 자극에 의해 탄생하는 것이고, 그런 배경과 문화의 축적을 검증하는 작업 없이 음식을 거론하는 것은 별 의미가 없다는 생각이 들기 때문이다.

현대 사회는 포식의 시대라고 한다. 첨부된 지도를 참고하면서 이 책을 통해 세계의 다양한 음식 문화를 접해보는 것으로 음식 문화의 배경에 조금이라도 관심을 기울여주시기를 진심으로 바란다.

쓰지하라 야스오

머리말

1장 그 나라를 상징하는 '요리'의 숨겨진 이야기

2장 세계를 움직인 차·커피·술의 매력

3장 '음식에 대한 금기'가 성립된 진상

4장 '식사 방법과 식기'에 감추어져 있는
　　　뜻밖의 문화사

5장 음식 재료와 조미료의 세계 여행

1

그 나라를 상징하는 '요리'의 숨겨진 이야기

파스타의 기원은 중국의 라멘?

면의 탄생

출출할 때면 먹고 싶어지는 게 면 종류의 음식이다. 라면, 우동, 국수, 스파게티 등은 찰기가 느껴지는 혀 맛, 끊을 때 이에 전해지는 쾌감, 식도를 통과할 때의 상쾌함이 삼박자를 이뤄 만족감은 물론이고 빨아들일 때 입술을 통과하는 최대의 감칠맛까지 준다. 밥이나 빵에서는 이런 자극을 느낄 수 없다. 길고 가느다란 음식에 약한 사람들은 어린 시절부터 이 예민한 기관의 쾌감에 익숙해져 있기 때문이 아닐까?

면류 문화권으로 불리는 지역은 동아시아를 중심으로 중앙아시아, 동남아시아, 이탈리아, 북아프리카인데 적어도 아시아의 기원은 중국 북부, 현재의 산서성(山西省) 근처를 정설로 받아들이고 있다. 후한(後漢) 말기에 나온 어학서『석명(釋名)』에는 일찌감치 면류에 대한 기록이 보이고 6세기 초반의 농경서인『제민요술(齊民要術)』에는 구체적인 면 제조 방법이 기록돼 있다. 그 기록에 의하면 따뜻한 물에 끓인 탕병(湯餠)이라는 밀가루 식품이 현재의 면류의 원조인 듯하다.

제조 방법 중에서 가장 오래된 것은 반죽한 밀가루를 계속 늘려 가늘게 만드는 이른바 '수타면(手打麵)'으로 대표적인 예가 소면이다. 이 방법으로 만든 면을 화북(華北)에서는 라면(拉麵)이라고 부르는데 이것이 나중에 일본어 '라면'의 어원이 되었다고 한다.

당(唐) 나라 시대에는 밀가루 반죽을 얇은 판 모양으로 펼친 다음에 칼로 잘라 가늘게 만든 '칼국수'라는 기술이 보급됐는데, 기계를 사용한 대량 생산방식을 제외하곤 현재 세계에서 가장 보편적으로 사용하는 제조 방법이다. 일본에는 7세기쯤에 중국으로부터 칼국수 제조 방법이 전해져 나중에 메밀국수와 우동이라는 독자적인 발전을 이루었다.

세 번째 제조 방법은 틀을 사용한 방법이다. 반죽한 밀가루를 작은 구멍에 통과시켜 면 모양으로 만든 것으로 냉면, 스파게티, 마카로니 등이 있다.

한편 중국어의 멘(麵)은 원래 밀가루 자체를 가리켰는데, 이것이 나중에 곡물 가루를 총칭하게 되면서 일반적으로 우리가 면이라고 부르는 것들은 '멘차오(麵條)'라는 이름으로 따로 구별하여 부르게 되었다.

마르코폴로가 면 제조 방법을 전한 것일까?

　지금부터 2세기 이상 거슬러올라가 요리의 분포를 살펴보면 동아시아, 이탈리아, 중근동이라는 세 지역으로 압축된다. 면류는 이들 지역에서 각각 독자적으로 탄생했거나, 아니면 동아시아에서 세계 각지로 전파되었을 것이라고 추측되지만 아직까지 확실하게 검증된 바는 없다. 또 동남아시아에서의 면류를 섭취하는 풍습은 과거 2백 년 정도 전에 진출한 화교의 역사와 비슷하다.
　한편 오래전부터 이탈리아의 파스타류와 중국 면류의 인과관계도 논의되어왔다. 그중에서도 스파게티와 마카로니 같은 면 모양의 가공된 파스타 룽가(pasta lunga : 긴 파스타라는 의미)는 이탈리아에서 독자적으로 탄생한 것인지, 아니면 중국의 면이 원류인지에 대해서는 여러 가지 설이 난무하지만 아직도 확실하게 밝혀진 것은 없다.
　단 구전에 의해 유포된 속설은 원(元) 왕조의 후비라이를 받들었던 여행가 마르코 폴로가 1295년에 중국으로부터 베네치아로 면 제조 기술을 가지고 돌아갔다는 것이다. 꽤나 그럴듯하게 들리지만 엄청나게 멀리 떨어져 있는 나라의 음식 문화가 한 개인의 소개에 의해 그렇게 널리 유포되었을 가능성은 희박할 뿐만 아니라, 이미 1279년에 고객의 재산목록을 작성한 제네바의

면 로드 파악 지도

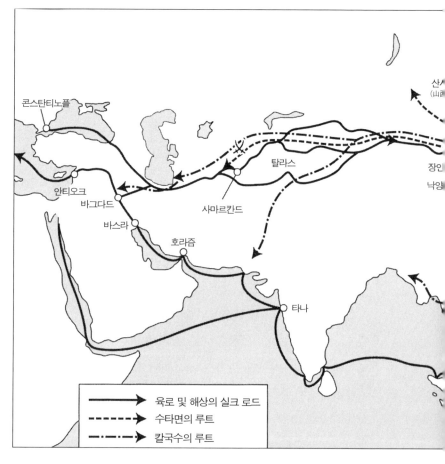

공증인 문서에 '마카로니가 가득 들어 있는 상자'라는 기록이 남
아 있으니 마르코 폴로가 전래했다는 설은 신빙성이 없다.

　그런데 18세기까지는 포크가 보급되지 않아 손으로 음식을 먹
던 이탈리아인들이 그 가늘고 긴 스파게티를 어떻게 먹었을까?

　대답은 역시 손으로 먹었다는 것이다. 당연히 국물이 많은 동

아시아의 국수 같은 형태가 아닌 버터와 치즈로 버무린 파스타를 손으로 집어먹었을 것이다. 고생 꽤나 했을 것 같다.

실크 로드를 경유해 아랍과 이탈리아로

이탈리아에서의 면 모양의 파스타와 관련된 가장 오래된 기록은 1140년에 노르만계 시칠리아 왕국의 루지에로 2세를 받든 모로코인 지리학자 알 이드리시가 저술한 지리서 『루지에로 왕의 책』에 등장한다.

이 책에 의하면 시칠리아 북서부의 트라비아라는 마을에서 파스타의 일종인 이트리야가 만들어져 주변 각지에 보급됐다는 기록이 있다. 중세의 아랍 문헌에 의하면 이트리야는 가늘고 납작한 모양의 수타면과 비슷했던 듯하다. 이것이 17세기에 등장한 나사방식의 기계에 의해 면 모양의 파스타로 모습을 바꾸면서 지금과 같은 마카로니와 스파게티로 발전했다고 여겨진다.

하지만 면 모양의 파스타가 이탈리아에서 탄생했다는 해석은 아무래도 무리가 있다. 당시 유럽에서 면류가 선보인 것은 이탈리아뿐이기 때문이다.

그런데 왜 갑자기 이변이 발생하듯 이탈리아에서만 면류가 선보이게 된 것일까?

그 이유를 조사하다 배후 관계가 매우 애매하여 문화가 전혀 다른 동양에서 전달되었다고 생각하는 쪽으로 기울었고, 마르코 폴로가 전했다는 설이 나돈 것도 이런 심리적인 배경이 있었기 때문일 것이다.

예를 들면 11세기 초반에 페르시아의 부와이 왕조에서 활약한 철학자 이븐 시나도 앞에서 소개한 이트리야는 페르시아어로 '실'을 의미하는 리슈타와 같은 음식이라고 지적했다.

시나는 원래 우즈베키스탄의 부하라 근교 출신의 이슬람교도이다. 그런 그의 주장을 받아들인다면 중세에 리슈타 또는 이트리야라고 불린 음식의 문화권이 중앙아시아에서 페르시아, 아랍, 북아프리카에 이르는 광범위한 지역이었다는 사실을 알 수 있다.

당 나라 시대 초기에 거의 형태를 갖춘 면류는 아마 실크 로드를 경유해 서서히 서역 깊숙한 지역까지 전달되었을 것이다. 그후 751년에 당 나라 원정군과 아바스 왕조의 이슬람군이 격돌하는 '타라스 강 전투'가 발생한다.

이 전투에서 포로가 된 중국의 제지공(製紙工)에 의해 제지법이 서구에 전해진 것은 매우 유명한 역사적 사실인데, 면을 제조하는 기술도 같은 경위를 밟으면서 전달되었을 것이다. 중앙아시아를 거쳐 당시 이슬람 세계의 중심지였던 바그다드로 건너간 면류는 이윽고 이슬람 세력의 서쪽 진출과 함께 지중해 연안을 경유해 이탈리아에 뿌리를 내리게 된 것이 아닐까?

별것 아닌 스파게티지만 완성되기까지는 이렇게 많은 시간과 음식에 대한 대중의 정열이 필요했다.

'프랑스 요리'의 원류는 이탈리아

처음에는 그다지 고급스럽지 않은 음식이던 궁중 요리

　미식가들을 유혹하는 나라 프랑스. 프랑스는 국민의 80퍼센트가 세계 최고 수준의 요리를 즐길 수 있다며 자국 요리를 절찬하고 있다. 이러한 사실은 프랑스의 요리 수준이 세계 최고라는 사실을 대변해준다. 그 점은 인정하지만 그렇다고 해서 프랑스인이 옛날부터 특별히 음식에 심혈을 기울인 것은 아니다. 세계적인 명성을 얻고 있는 프랑스 요리의 기술이나 조리 방법, 식사 예절, 식기 보관 방법 등의 원류는 바로 이탈리아 피렌체의 대부호인 메디치 가문이다.

　프랑스 요리의 원형은 일반적으로 14세기 후반의 샤를 5세 시대에 시작됐다는 것이 정설로 알려져 있다. 당시 왕의 요리 담당

자였던 기욤 티렐의 『조리법(Le Viander)』에 의해 본격적인 요리 체계가 구축됨과 동시에 조리의 분업화도 확립되었다고 한다.

그러나 사실, 그 당시의 궁중 요리는 최고급 재료인 백조, 공작, 왜가리, 사슴 등을 썼지만 내용 면에서는 진한 수프, 단순히 삶아서 우려낸 국물, 파이 요리가 중심이었고, 조리 방법도 재료가 무엇인지 전혀 알 수 없게 완전히 퍼질 정도로 삶아 계피나 정향(丁香) 등의 향신료를 적당히 뿌리는 정도였다. 그야말로 단순한 조리 방법으로 지금처럼 세련된 프랑스 요리와는 전혀 다른 음식이었다.

단 프랑스 요리의 명예를 위해 한마디 변명을 해둔다면 중세 유럽의 궁중 요리는 이탈리아 이외에는 거의 비슷한 수준이었다는 것이다. 독일 등에서는 통째로 구운 돼지나 소가 테이블 위에 그대로 놓여질 정도로 양은 엄청났지만 질적으로는 도저히 현재 수준과 비교조차 할 수 없었다.

식도락을 즐긴 카트린 왕비

프랑스 요리가 음식 문화로서 장족의 진보를 보인 것은 1533년이다. 이미 설명했듯 메디치 가문의 로렌초 2세의 딸 카트린(카트린 드 메디시스)이 프랑스의 오를레앙 공 앙리(앙리 2세)에게 시집올 때 다양한 음식 문화를 프랑스 왕궁으로 가져오고 나서의 일이다. 구체적으로 설명하자면 함께 데리고 온 일급 요리사와 급사들을 비롯해 다채로운 조리법과 요리도구, 포크나 글라스 등의 식기류, 「50가지의 식탁 예절」에 이르기까지 그야말로 요리 기술 전반에 걸친 내용이었다.

그리고 잼, 설탕과자, 케이크류, 아이스크림, 진미라고 알려진 송로(松露: 알버섯과의 버섯. 4~5월에 모래땅의 소나무 숲, 특히 바닷가에서 자란다), 각종 소스류 등의 새로운 취향의 요리나 조미료 제조 방법도 대량으로 전달됐다. 그때까지 프랑스는 기껏해야 나이프를 휘두르는 정도로 포크는 물론 스푼도 거의 갖춰져 있지 않아 음식을 손으로 집어먹을 정도로 음식 문화에 있어서 후진국이었다. 찬란한 르네상스가 꽃을 피운 이탈리아와는 비교도 할 수 없을 정도로 격이 낮았다.

이것을 보고 한탄한 카트린 왕비는 음식과 패션에 남다른 열정을 쏟으며 슈논소의 성에 있는 저택에서 밤낮으로 디너파티를 열어 요리 기술 향상에 힘썼다고 한다.

사실은 그녀의 식도락에 지나지 않았지만, 그래도 이런 연회나 디너파티가 그 이후의 프랑스 요리 기술에 지대한 영향을 끼쳤다는 사실은 부정할 수 없다.

당시의 연회 메뉴를 살펴보면 가축의 고기를 이용한 쿠네르(quenelle: 고기 경단), 닭의 볏, 송아지나 돼지의 간이나 뇌로 만든 스튜, 엉겅퀴 심지 튀김 등 보기 드문 메뉴들이 갖춰져 있다. 그때까지는 양만 많던 불고기 덩어리나 내용물을 알 수 없는 걸쭉한 스튜에 누에콩 정도가 나오는 음식밖에 먹어본 적이 없는 사람들의 입장에서는 참신하고 섬세한 요리를 맛보면서 엄청난 문

프랑스 지방 요리의 특색

피카르디 · 상파뉴
(샴페인, 소시지)

노르망디
(크림, 치즈, 사과술)

알자스 · 로렌
(소금에 절인 양배추, 파이)

○
파리

브르타뉴
(크레이프, 홍합)

일드프랑스 · 오를레아네
(궁중 요리)

프랑슈콩테
(치킨, 치즈)

루아르
(민물고기, 로스트 포크)

부르고뉴
(와인, 비프 스튜)

도피네 · 사부아
(치킨, 육류)

가스코뉴
(와인, 브랜디, 트뤼프)

랑그도크
(오믈렛)

프로방스
(부야베스, 어패류)

( )은 대표적인 음식물

화적 충격을 받았을 것이다. 그들의 입장에서 볼 때 그야말로 '음
식의 르네상스'라고 부를 수 있는 획기적인 사건이었을 것이다.

이렇게 해서 카트린 왕비가 가져온 음식의 노하우는 프랑스
전역에 급속도로 퍼졌고 마침내 부르봉 왕조에서 요리에 조예가
깊은 앙리 4세와 그의 손자인 미식가 루이 14세가 출현하면서
화려하고 찬란한 프랑스 궁중 요리는 꽃을 피우게 된다. 그래도
루이 14세는 포크를 사용하는 것이 꽤나 힘들었던 듯 여전히 맨
손으로 식사를 했다고 한다.

루이 14세 시대에는 왕궁의 요리사들이 앞다투어 실력을 발휘했고, 음식을 장식하는 방법에서도 연구가 이루어졌다. 또한 주변 각국의 궁중 요리에도 큰 영향을 끼쳤다.

프랑스 혁명이 낳은 미식의 세계

18세기로 접어들면 마요네즈나 거위의 비대한 간으로 만든 푸아그라가 등장하는 등 프랑스 전통 요리가 개발돼 내용 면에서도 예술적 경지에 이른다.

이렇게 세련된 궁중 요리는 오뜨 큐이지느라고 불리는데 현재의 프랑스 요리의 원형이 완성된 것이다. 그러나 그것들은 어디까지나 일부 특권 계급만이 즐길 수 있는 음식이었다. 신흥 시민 계급이 그 요리를 맛볼 수 있게 된 것은 혁명에 의해 왕정이 타파된 이후의 일이다.

물론 궁중 요리가 프랑스 요리의 모든 것은 아니다. 프랑스는 지도에서도 볼 수 있듯 농산물이나 해산물이 풍부해서 오랜 옛날부터 지방 요리의 전통을 계승하고 있었다. 다만 주류를 이루지 못했을 뿐이다.

덧붙여 18세기 당시의 서민이나 농민들의 일반적인 저녁식사는 소금에 절인 돼지고기와 야채를 삶은 수프를 중심으로, 기껏해야 달걀과 치즈와 귀리로 만든 빵과 싸구려 와인 정도의 빈약한 내용이었다. 양질의 버터를 바른 메밀 팬케이크가 진수성찬으로 받아들여졌을 정도이니까 어느 정도 수준이었는지 쉽게 상상할 수 있다.

한편 18세기 말에 발생한 프랑스 혁명은 그때까지 왕후나 귀족을 받들던 요리사들의 직업을 박탈하는 결과를 낳았고 그들은 생활 수단으로서 직접 레스토랑을 개업하거나 유명한 음식점에 요리사로 고용되는 식으로 어느 한쪽을 선택해야 할 상황에 놓였다.

이렇게 해서 파리를 비롯한 대도시에서 일류 레스토랑이 잇따라 개업했는데 미식가들을 유혹하는 프랑스 요리가 지극히 일반적인 서민들의 입에 오르게 된 것은 그로부터도 한참이 지난 19세기 후반이다.

그러나 그 사이에 '근대 요리 최고의 거장'이라고 불리는 앙투안 카렘과 천하의 미식가로 알려져 있는 블리아 사바랑 같은 음식의 천재들이 활약하면서 미식학(美食學)이라는 새로운 분야가 탄생하게 되었다.

또 19세기 중반부터 후반에 걸쳐 유명한 요리사로 알려진 우르바인 듀보아는 식탁에 모든 요리를 늘어놓고, 한 번에 선을 보이는 방식에서 벗어나 맛을 손상시키지 않고 제공한다는 의미에서 요리를 차례로 한 가지씩 내놓는 러시아식 서비스를 선보이는 등, 식사를 제공하는 방법에서도 근대화가 이루어졌다.

이런 역사를 거쳐 완성된 프랑스 요리는 19세기 말까지 각국으로 보급돼 중화요리와 함께 세계 최고의 요리라는 칭송을 받게 된 것이다.

카레라이스의 원조는 인도인가 영국인가?

본고장 인도에는 카레라이스가 없다

카레는 고형(固形)의 루(roux: 밀가루를 기름이나 버터로 볶은 것)를 사용한 요리를 가리키는데 조리가 간편하고 맛있다. 그래서 이제는 라면과 함께 전세계 사람들로부터 사랑받는 음식이 되었다.

카레라이스라고 하면 마치 인도 요리 같지만 인도에는 카레라이스라는 요리가 없다. 그뿐 아니라 카레나 '커리(curry)'라는 말조차 지금은 거의 죽은 말이나 마찬가지다. 실제로 인도 사람들은 대부분 카레라는 음식을 먹어본 적이 없다고 한다. 심지어 어떤 인도 사람은 걸쭉한 재료를 밥에 얹어서 먹는 요리의 이름이 무엇이냐고 물어볼 정도다. 단 카레라이스에 대한 인도인의 평판은 나쁜 편이 아닌 듯하다.

카레의 어원에는 여러 가지 설이 있는데 일반적으로 인도 남부의 타밀어인 '커리(curry: 음식의 건더기라는 의미)'에서 왔다는 것이 타당한 해석인 듯하다.

16세기 초, 교역을 위해 인도로 건너간 포르투갈인이 주민들이 먹고 있는 걸쭉한 밥을 가리키면서 무엇이냐고 물었다. 질문한 사람은 요리의 이름을 알고 싶었지만 질문받은 사람은 요리의 내용물에 대해 물어보는 것이라고 받아들여 '커리'라고 대답했다.

이렇게 해서 커리는 우연히 요리의 이름이 되었고, 유럽으로 소개된 이후에 영어식으로 발음이 바뀌면서 세계로 퍼져나갔다는 것이 일반적인 주장이다.

인도 요리의 보물창고로 알려진 『조리사전(調理事典)』에는 약 3천 종류의 조리 방법이 소개되어 있는데 카레라는 이름의 요리는 불과 25종이다. 이처럼 카레라는 말은 본고장인 인도에서조차 사용되는 경우가 드물며, 카레라이스는 크로켓 등과 마찬가지로 서양 요리를 바탕으로 변천된 요리인 것이다.

'카레'는 어떻게 탄생했는가?

카레의 '루'나 카레 분말에 해당하는 것을 예로 든다면 마살라(masala)가 있다. 하지만 마살라는 터메릭(turmeric: 심황. 향신료의 일종), 카르다몸(cardamom: 열대 아시아산으로 생강과 엘레타리아속의 식물), 정향, 계피, 후추 등의 향신료를 조합해 맷돌로 으깬 조미료, 또는 그것들을 사용해 맛을 내는 요리의 총칭이다. 따라서 인도에서 카레 요리라는 개념이 존재하지 않는 것은 일본에서 '간장 요리'라는 이름의 요리가 없는 것과 같다.

그런데 마살라는 조합의 비율이나 종류가 정해져 있는 것이 아니어서 가정마다 요리나 소재에 따라 맛이 천차만별이다. 우리의 된장국이나 떡국처럼 요리 방법이 어머니로부터 전수되는 이른바 '고향의 맛'이라고 할 수 있다.

카레가 요리로서 유럽에 전해진 것은 1772년. 훗날 초대 벵골 총독이 되는 워렌 헤이스팅스가 영국 동인도회사의 사원이던 시절에 대량의 마살라와 인도 쌀을 고국으로 가지고 돌아간 것이 시초다. 그는 인도인 요리사에게 카레와 밥을 혼합한 음식을 만들게 해 그것을 왕궁의 리셉션 등에서 선보여 큰 호평을 받았다고 한다.

귀족 연회를 담당하던 클로스 앤드 블랙웰(C&B)사가 이 소문을 듣고 즉시 영국인의 입맛에 맞도록 매운맛을 죽여 세계 최초의 카레 분말 개발에 성공했는데, 이것을 사용해 고기나 야채를 조리한 것이 영국풍 카레의 시초이고 카레라이스의 원조다.

원래 인도에서 맛을 내는 방법은 향신료, 소금, 경우에 따라서는 요구르트를 첨가하는 조린 국물에 가까웠다. 하지만 영국에는 스튜라는 조리 방법이 있었기 때문에 거기에 밀가루를 사용해 끈기가 있는 소스로 바뀌었다. 이 시점에서 이미 영국의 카레와 인도의 카레는 전혀 다른 음식이 된 것이다.

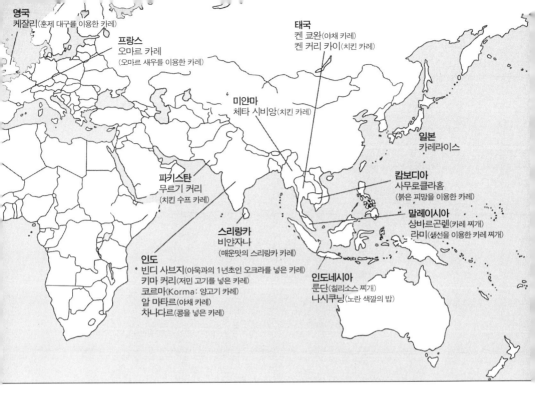

세계 각지의 주요 카레 요리

영국식 카레의 일본 상륙

　　1863년에 유럽 사절단으로서 프랑스에 파견된 막부의 신하 미야케 슈(三宅秀)가 일본에 처음 카레를 전한 사람이다. 그는 같은 배를 타고 있던 인도인이 식사하는 광경에 대해 이렇게 기록했다.

밥 위에 매운맛이 나는 가루를 뿌리고 감자 등을 넣은 끈끈한 즙을 끼얹어서 손으로 섞어 먹는 모습이 매우 지저분해 보였다.

실제로 카레 요리를 처음 먹었다는 기록은 그로부터 8년 후인 1871년의 일로 제1호는 당시 16세였던 아이즈(會津) 성의 무사 야마카와 겐지로(山川健次郎)인데, 그가 국비 유학생으로 퍼시픽메일 호를 타고 미국으로 건너갈 때 배 안에서 억지로 먹은 것이 최초였다고 한다. 이듬해에 간행된 『서양 요리 지침서』와 『서양 요리통』에는 일찌감치 카레 조리 방법이 소개되어 있다.

그 조리 내용을 요약해보자.

파 한 개, 생강 반 개, 마늘 약간을 다져서 한 숟가락 분량의 버터로 볶고 약 270cc의 물과 닭고기, 새우, 대구, 굴, 송장개구리 등을 넣어 한 번 끓인 다음 카레 가루를 작은 숟가락으로 한 숟가락 넣어 다시 한 시간 정도 끓인다. 한 시간이 지나 재료가 완전히 익으면 소금을 약간 넣고 두 숟가락의 밀가루를 물에 녹여 넣는다.

이 내용을 보면 지금의 조리 방법과는 전혀 다르다는 것을 알 수 있다. 재료도 홍당무, 감자, 양파 등 이른바 기본적인 3대 재료는 찾아볼 수 없다. 일종의 해물 카레라고 해석할 수 있지만 여기에 굴이나 송장개구리 같은 뜻밖의 재료가 들어간 것은 대체 어떤 이유에서였을까?

풍미에 있어서도 현재의 카레라이스와는 상당한 차이가 있었던 듯하다.

카레라이스와 라이스카레의 차이는?

그런데 최근에는 카레라이스라는 표현이 일반화되었지만 일본에선 과거에 라이스카레라는 표현이 더 일반적이었던 듯하다. 이 두 가지는 과연 같은 재료를 사용하는 것일까, 아니면 미묘한 차이가 있는 것일까?

예를 들면 다음과 같은 주장이 있다.

· 카레의 재료가 많은 쪽이 카레라이스이고 밥이 많은 쪽이 라이스카레라는 분량설.
· 재료와 밥이 따로 제공되는 것이 카레라이스이고 밥 위에 재료를 끼얹어 제공되는 것이 라이스카레라는 형식설.
· 접시로 제공되는 것이 카레라이스이고 밥그릇으로 제공되는 것이 라이스카레라는 용기설.
· 간토 지방에서 부르는 이름이 카레라이스이고 간사이 지방에서 부르는 이름이 라이스카레라는 지역호칭설.

이밖에도 여러 가지 설이 있다. 어쨌든 카레라이스는 영어의 '커리 앤드 라이스'의 약칭이지만 라이스카레라는 의미에 해당하는 영어는 없다. 그렇다면 어딘가에 이런 이름이 붙은 근거가 있을 것이다.

그런 기원설의 하나로 삿포로(札幌) 농업학교에서 교편을 잡았고 '소년이여 야망을 가져라'라는 말로 유명한 클라크 박사설이 있다. 학생들의 체격 향상을 중시한 클라크 박사는 전교생이 생활하는 기숙사의 식사를 육류 중심의 양식으로 꾸몄는데, 이와는 별도로 다음과 같은 특별 규칙을 마련했다고 한다.

학생은 쌀밥을 먹어서는 안 된다. 단 라이스카레는 예외다.

그 이후 라이스카레라는 새로운 말이 알려지게 되었다고 하는데 확실한 근거는 없다.

'덴푸라' '스시' '스키야키'는
이렇게 탄생했다

덴푸라의 원조에는 여러 가지 설이 있다

세계 대부분의 국가에는 민족의 역사나 문화가 배양해온 전통 요리, 또는 명물 요리라고 불리는 것이 있다. 그러나 '전통'이라는 말에 얽매여 자칫 그 발생이나 역사에 관해 그릇된 선입관을 가질 수 있기 때문에 주의해야 한다.

예를 들어 일본의 전통 요리라고 하면 현재는 덴푸라(튀김), 스시(초밥), 스키야키(전골)라고 말할 수 있다. 생선회라는 주장도 있을 수 있지만 그것은 요리의 영역에는 들어가지 않기 때문에 제외한다. 그런데 이런 전통 요리의 역사를 살펴보면 기껏해야 2, 3백 년 전후에 지나지 않는다.

세 종류의 요리 중에서는 덴푸라의 역사가 가장 깊다. 기름에

튀긴다는 발상에서 마치 문명개화기에 서양 요리로 들어온 것이라고 생각하기 쉽지만 그야말로 착각이다.

덴푸라의 어원에는 여러 가지 설이 있다. 그중의 하나는 스페인어의 '텐포라(사순절이라는 의미)', 또는 포르투갈어의 '텐페로(조미료라는 의미)'에서 왔다는 식으로 남만(南蠻 : 옛날 중국에서 인도차이나 등의 남해 지방의 여러 민족을 가리킨 이름) 요리의 한 형태로서 도입되었다는 것이다. 해설을 덧붙이면 사순절은 사계절이 시작되는 초기에 기도와 단식을 하는 기간으로, 이 기간에는 몸을 깨끗하게 한다는 의미로 생선을 제외한 육류를 일절 입에 대지 않았다.

그러나 이런 어원에 이끌려 덴푸라의 기원이 남만 요리라는 선입관을 가져서는 안 된다. 당시의 남만 요리 중에는 덴푸라에 관한 문헌적 자료를 어디에서도 찾아볼 수 없고, 도쿠가와 이에야스(德川家康)가 대구 덴푸라를 먹고 중독사했다는 일화도 항간의 속설에서 비롯된 것으로 실제로는 대구를 참기름으로 튀긴 요리로 기록되어 있을 뿐이다.

한편 이와는 전혀 다른 관점에서 기름을 사용하는 요리이기 때문에 아부라(天麩羅 : 일본어로 기름이라는 뜻)라는 이름이 붙여진 것이 나중에 음독으로 읽어 '덴푸라'로 바뀐 것이라는 일본어 설도 무시할 수 없다.

어쨌든 아직은 그 진상이 분명하지 않다.

1685년에 편찬된 『요리 종류 모음집』에서 쇼군(將軍)인 도쿠가와 쓰나요시(德川綱吉)가 조선통신사를 초대했을 때 대접한 메뉴에 '덴푸라리'라고 불리는 요리가 있었다는 기록이 있는데, 이것이 문헌에 등장하는 가장 오래된 기록이다. 그러나 그것이 일반화되어 덴푸라 가게가 등장한 것은 1세기 정도 지난 1770년 대의 일이고 서민들이 일반적으로 접할 수 있게 된 것은 19세기 초의 일이다.

스시의 역사는 불과 170년

일본 '스시(초밥)'의 역사는 매우 길다. 소금에 절인 생선에 쌀 밥을 넣어 자연 발효시킨 이른바 보존식품으로 발달한 스시는 동남아시아에서 중국을 경유해 벼농사 재배와 함께 일본으로 전 해졌다고 한다. 그것들은 식초를 사용하지 않는 '나레즈시(熟ず し : 생선의 창자를 빼내고 밥으로 채워 무거운 돌로 눌렀다가 간을 맞춘 초밥)'로 불리는 옛 형태의 스시로 비와 호(琵琶湖)의 명물인 후 나즈시(鮒ずし : 붕어를 이용한 나레즈시. 붕어 초밥)로서 지금도 그 명맥을 유지하고 있다. 발효된 쌀밥이 식초 맛을 내기 때문에 '스시(일본어로 스는 식초라는 뜻)'라고 부른 것이 그대로 초밥을 의미하는 말이 되었다.

하지만 이 방법을 이용할 경우에 먹을 수 있을 때까지 반 년 이상이나 기다려야 하는 문제점이 있었다. 더 빨리 맛있게 먹고 싶다는 욕구가 고조되면서 식초 양조 기술이 비약적으로 발전한 안에이(安永 : 1772~1781) 기에 식초를 사용한 인공 스시가 고안

되었고, 이것은 만들어서 하루 만에 먹을 수 있다는 의미로 '히토요즈케즈시(一夜漬ずし)'라고 불리게 되었다. 이윽고 오사카(大阪)에서는 하코즈시(箱ずし)라고 불리는 오시즈시(押ずし: 초밥의 한 가지로 네모난 나무 상자에 밥을 담아 그 위에 간을 한 생선 따위를 얹고, 뚜껑으로 누른 다음에 적당한 크기로 썬 것)가, 에도(江戸: 현재의 도쿄)에서는 지라시즈시(散ずし: 식초와 소금으로 간을 한 밥에 생선, 고기, 달걀 부침, 야채 등을 얹은 음식. 지라시고모쿠라고도 함)나 마키즈시(卷ずし: 둥글게 만 초밥으로 김초밥 등)가 잇따라 생

나레즈시의 분포 지역도

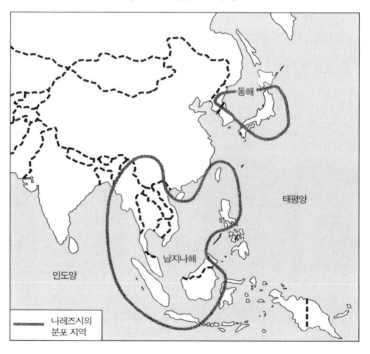

겨 서민들의 인기를 얻었다고 한다.

그러나 요즘에는 스시라고 하면 에도마에즈시(江戶前ずし)로 시작되는 니기리즈시(握ずし : 손으로 쥐어 뭉친 초밥)가 중심을 이루고 있다.

성격이 급한 에도 시민들을 위해 초밥에 재료를 얹는 것만으로 즉석 스시를 완성한 사람은 1825년경에 료고쿠(兩國)에 가게를 낸 하나야 요헤에(華屋與兵衛)다. 당시에는 '요헤에즈시'라고 불렀는데, 이것이 새로운 것을 좋아하는 에도 시민들 사이에서 상당한 인기를 얻어 가게 앞에 장사진을 이루는 성황을 누렸다.

이렇게 해서 니기리즈시는 마침내 시민권을 얻게 되었지만, 이나리즈시(稻荷ずし : 유부 초밥)나 지라시즈시를 제치고 주류가 된 것은 제2차 세계대전 이후 한참이 지나서였다. 그리고 지방에서도 일상적으로 먹을 수 있게 된 것은, 신선한 어패류의 수송 시스템이 정비되고 대형 냉장고가 보급되기 시작한 1970년대 이후이니까 상당히 최근의 일이다.

스키야키가 완성된 것은 다이쇼 시대

이제 일본 요리의 대표로 알려져 있는 니기리즈시의 역사는 불과 2백 년도 되지 않는다는 사실을 알았다. 그런데 스키야키(전골)의 경우에는 그보다 더 늦다. 요즘처럼 쇠고기에 파, 곤약, 두부 등의 재료를 간장이나 설탕 등으로 맛을 내는 조리 방법이 정착된 것은 다이쇼(大正: 1912~1926) 시대 중반에 간사이 지방에서 시작된 포크 커트렛(돈까스)이나 크로켓보다 늦다.

스키야키라는 말도 간사이 지방에서 퍼진 것으로 간토 지방에서는 1930년대 후반까지는 규나베(牛鍋)가 스키야키의 전신이라고 지적되고 있다. 하지만 실제로는 얇게 자른 쇠고기에 파를 얹고 된장과 간장을 섞은 특제 소스를 발라 삶은 것으로 현재의 스키야키와는 전혀 다른 음식이었다고 보아야 옳다.

농기계의 하나인 가래(일본어로 '스키')를 냄비 대신 사용해 야외에서 짐승의 고기를 구워(일본어로 굽는다는 표현은 '야키') 먹은 것이 스키야키의 어원이라는 주장은 이제 속설로 드러났다. 그러나 오래 사용해 낡은 가래를 철판 대신 사용했다는 말은 사실인 듯 1822년에 나온 『요리 지침서』에도 다음과 같은 기록이 있다.

스키야키: 기러기나 오리를 잡아 된장에서 우러난 물에 재어놓는다. 낡은 가래를 불 위에 올리고 유자를 주위에 돌린 뒤 불에 달궈진 가래 위에 고기를 올려 구워서 색깔이 변하면 먹는다.

이처럼 에도 후기부터 스키야키라는 이름만은 정착되어 있었다. 하지만 그것이 간사이 지방에서 퍼진 배경은 분명하지 않다.

이상으로 일본의 전통 요리를 살펴보았지만 그렇게 오래전부터 정착된 요리는 아니기 때문에 역사적인 무게는 없다. 전통이나 대표라는 선입관에 얽매여서는 안 된다는 좋은 교훈이다.

한국 요리는 옛날부터 매웠는가?

과거에는 맵지 않았던 김치

전통 요리라는 것이 마치 고래로부터 존재해온 것처럼 착각하게 만든다는 점은 이미 일본 요리의 예에서 소개했다. 이처럼 민족 음식으로 알려져 있는 요리의 대부분은 기껏해야 2, 3백 년의 역사밖에 갖고 있지 않다.

역사적인 착각과 마찬가지로 한국 요리는 맵다는 움직일 수 없는 고정관념이 있다. 실제로 한국인 1인당 연간 고추 소비량은 약 1.8에서 2.0킬로그램이라는 통계가 있다. 이것은 세계적으로 보아도 당연히 최고 수준이다.

그렇다면 한국 요리는 옛날부터 혀가 얼얼할 정도로 매운맛을 자랑했던 것일까?

이것 역시 오해다. 한국 요리가 매운 이유는 고추를 듬뿍 사용하기 때문이다. 하지만 고추의 원산지는 중남미로 신대륙에 도착한 콜럼버스가 유럽으로 가지고 가 이식할 때까지 한반도는 물론이고 중국 대륙에도 존재하지 않았던 향신료다.

고추는 이제 한국 요리의 맛을 내는 가장 중요한 향신료로 끊고 싶어도 끊을 수 없는 관계에 있는데, 그 매운맛의 대명사로 알려져 있는 것이 김치다. '국물이 많은 절인 야채'라는 의미의 침채(沈菜)가 김치의 어원인데 여기에 고추(고춧가루)를 넣어 담그게 된 것은 18세기 이후다. 그때까지는 마늘, 산초, 생강, 차조기 등 자생 재료에 소금으로 간을 맞춰 발효시키는 절인 야채에 지나지 않았다.

후추도 있었지만 동남아시아의 모든 지역과 남만 무역으로 연

고추의 전파도

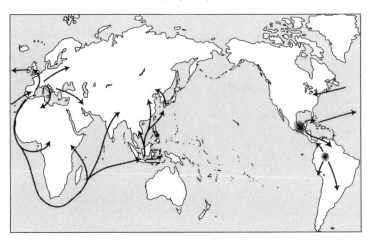

결된 일본을 경유해 수입되는 향신료로 서민들은 도저히 접해볼
수 없는 귀중한 음식 재료였다.

고추는 독초로 여겨졌다

한반도에 고추가 들어온 경로는 일본의 규슈(九州)라는 설이
가장 유력하다.

일본으로 고추를 가지고 온 사람은 포르투갈인 선교사로 1542
년에 규슈에 묘목을 가지고 온 것이 시초다. 따라서 한반도에 전
해진 것은 16세기 후반이라고 생각하는 것이 타당하며 동아시아
연안을 약탈한 왜구에 의한 전래설 등이 있다. 그중에서도 1592
년의 임진왜란 당시에 도요토미 히데요시(豊臣秀吉)가 조선을
침공하며 가지고 갔다는 설은 꽤 설득력이 있다. 그러나 왜 병사
들이 고추 씨앗을 휴대했는가에 대해서는 분명하게 밝혀지지 않
았다.

조선 중기인 1613년, 실학자로 지봉(芝峰)이라는 호를 사용한
이수광(李睟光)이 『지봉유설』이라고 불리는 백과사전을 편찬했
는데, 이 책이야말로 한반도에서의 고추의 존재에 대해 처음으
로 언급한 문헌이다. 그 『지봉유설』의 식물을 다룬 부분에는 다
음과 같은 내용이 기록되어 있다.

남만초(南蠻椒: 고추)에는 강한 독이 있다. 왜국(倭國: 일본)에서 처음

으로 들어왔기 때문에 흔히 왜겨자(일본 고추)라고도 불리는데 최근에는 이것을 재배하는 농가를 자주 볼 수 있게 되었다. 주막에서는 소주와 함께 팔았는데 이것을 먹고 목숨을 잃은 자가 적지 않다.

식용은커녕 맹독이 있는 독초 취급을 하고 있다. 당시에는 일본인이 조선인을 독살할 목적으로 무서운 독초를 가지고 들어왔다는 소문도 나돌았을 정도라고 한다.

고추는 독초라는 생각 때문에 요리에 사용한다는 발상전환은 그 후 약 1세기가 지난 뒤에야 이루어졌다.

사실 17세기 후반에 편찬된 요리 지침서인 『음식지미방(飮食知味方)』에도 고추, 산초, 생강, 마늘, 여뀌 등의 향신료는 소개되어 있지만 고추에 대한 기술은 전혀 없다.

매운맛의 역사는 불과 2백 년

고추가 그럭저럭 빛을 보게 된 것은 18세기 초로 여겨진다.

1715년에 수도법(水稻法 : 논에 물을 대어 벼를 심는 방법)을 체계화한 농학서 『산림경제』에서 처음으로 고추의 재배 방법이 소개됐다. 이윽고 고추는 김치나 젓갈의 변질 방지와 냄새 제거의 목적으로 서서히 들어가게 되었고, 18세기 후반에 이르러 비로소 고추장도 개발되었다.

이런 경위를 거치면서 고추를 사용한 매운맛이 서민들의 가정에 정착된 것은 그보다 훨씬 뒤인 19세기 초다. 한국 요리는 맵다는 고정관념도 사실은 2백 년 남짓한 음식 문화에 지나지 않는다. 즉 그 이전의 요리는 전혀 맵지 않았다는 것이다.

　한편 육식이 일반화되지 않은 일본에서는 후추나 고추 같은 강한 맛에는 좀처럼 익숙해지지 않아 오랫동안 관상용으로 재배하다가 본격적으로 사용된 것은 육류 요리가 사랑받기 시작한 메이지 시대(明治時代: 1868~1912)였다.

　또 같은 한반도에서도 지역에 따라 매운맛에 대한 기호가 현저히 차이가 난다. 예를 들면 맑고 깨끗한 맛을 가장 선호하는 지역은 평안도 지방이고 매운맛을 즐기는 경향이 매우 강한 곳은 경상도 지방이다.

세계적인 대중음식 햄버거의 기원

독일 함부르크 유래설은 사실인가?

　미국인의 국민적 음식이라기보다 이제는 전세계 외식 산업의 챔피언이 된 햄버거. 그 선두주자 역할을 담당하는 거대기업 맥도널드는 현재 세계 120개국·지역으로 진출해 있는데, 하루에 맥도널드를 찾는 고객의 수는 약 4천만 명에 이른다고 한다.

　햄버거는 스테이크를 둥근 모양의 빵으로 감싼다는 아이디어 요리의 속칭이다. 독일 북부의 항구도시인 함부르크의 가정 요리를 힌트로 미국에서 개량된 이후에 함부르크의 영어 발음인 햄버거로 불리게 된 것이라고 한다.

　하지만 이 설은 지금 전혀 먹혀들지 않고 있다. 왜냐하면 햄버거는 엄연히 미국에서 탄생한 미국 요리이기 때문이다. '일본식

덴푸라'라고 부르는 경우가 없듯 햄버거 스테이크도 독일어에서
는 찾아볼 수 없는 말이다. 독일에서는 기껏해야 해크(저민 고
기) 스테이크라고 부르는 정도다. 그것도 결코 오래전부터 존재
했던 전통 요리는 아니다. 함부르크 시민도 햄버거의 발상지라
는 그릇된 설에 당황하는 모습을 보인다고 한다.

더구나 저민 고기라는 이미지 때문인지 영어의 햄버거에는 어
딘지 모르게 깔보는 듯한 뉘앙스가 풍긴다. '얼간이'라거나 '가
늘게 저민 고기를 빵으로 덮어버린다'라는 바람직하지 않은 의
미 때문이다.

어쨌든 함부르크 지방의 가정 요리에서 힌트를 얻어 만들었다
는 설은 제쳐두고 햄버거라는 이름이 독일 지방의 지명인 함부
르크에서 유래되었다는 것은 사실이다. 그렇다면 어째서 함부르
크가 햄버거의 어원이 된 것일까?

타타르인의 생고기 요리가 원류?

햄버거 스테이크는 독일에서도 보편적인 요리의 하나인 타르
타르 스테이크가 원형이 아닌가 하는 설이 최근 들어 주목받고
있다. 타르타르란 소의 생고기를 잘게 다져서 먹는 쇠고기 요리
로 속까지 익히는 햄버거와는 본질적으로 조리 방법이 다르다.
하지만 햄버거와 비슷한 모양을 찾는다면 타르타르 스테이크 이
외에는 없다.

사실 타르타르란 중세에 징기스 칸과 그 자손에 의해 정복된 중앙아시아와 러시아에 거주하고 있던 몽고계 민족을 총칭하는 말로 일반적으로는 타타르로 알려져 있다. 그 이름은 그리스 신화에 등장하는 최악의 명계(冥界) '타르타로스'에서 탄생했다. 야만스럽고 난폭하다는 이유에서 두려움의 대상이던 터키계나 몽고계의 유목민이 타타르로 불리게 되었다고 한다.

그들은 육질이 단단한 양고기를 씹기 좋고 소화가 잘 되도록 잘게 다져서 생고기 그대로 섭취했는데 킵챠크 한국(汗國)의 타타르인을 통해 13세기 말에 독일로 전파됐다. 소재가 양고기에서 쇠고기로 바뀌어 정착된 것이 타르타르 스테이크의 원류라고 한다.

처음에는 단단한 심줄을 소금이나 향신료만으로 맛을 냈던 것이 점차 요즘처럼 달걀, 피클, 잘게 다진 양파 등을 첨가해 깊은 맛을 내게 되었다. 물론 생고기뿐 아니라 때와 장소에 따라 경단처럼 만들어 익혀 먹기도 했을 테지만 스테이크 모양으로 조리를 하기 시작한 것이 언제인지는 분명하지 않다.

수수께끼에 싸인 기원의 진상

세계적으로 유명해진 햄버거 스테이크이지만 언제 어디에서 탄생했는지 아직도 그 근원이 밝혀지지 않고 있다.

1880년 전후라는 것이 정설로 알려져 있지만 1884년 2월 16일 자 「보스턴저널」에는 이런 조리 방법이 소개되어 있다.

닭을 한 마리 잡아서 삶은 다음에 차갑게 식으면 햄버거 스테이크에 사용하는 고기처럼 잘게 다진다.

햄버거 스테이크가 활자로 소개된 것은 이것이 처음일 것이다.

미국 중북부의 위스콘신 주 세이모어라는 농촌 마을은 햄버거의 발상지라는 간판을 걸고 햄버거 박물관까지 설치할 정도로 햄버거에 열성적이다. 이 마을의 공식적인 발표에 의하면 1885년에 찰스 나그린이라는 인물에 의해 고안되고 명명되었다고 한다. 하지만 유감스럽게도 앞에서 소개한 신문기사에 의해 이 기원설도 의미를 잃었다.

햄버거와 관련된 지역

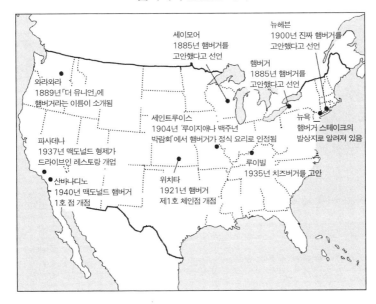

세이모어
1885년 햄버거를
고안했다고 선언

뉴헤븐
1900년 진짜 햄버거를
고안했다고 선언

햄버거
1885년 햄버거를
고안했다고 선언

와라와라
1889년 「더 유니언」에
햄버거라는 이름이 소개됨

세인트루이스
1904년 '루이지애나 백주년
박람회'에서 햄버거가 정식 요리로 인정됨

뉴욕
햄버거 스테이크의
발상지로 알려져 있음

파사데나
1937년 맥도널드 형제가
드라이브인 레스토랑 개업

루이빌
1935년 치즈버거를 고안

산바나디노
1940년 맥도널드 햄버거
1호점 개점

위치타
1921년 햄버거
제1호 체인점 개점

한편 함부르크에서 뉴욕을 향해 출항한 독일인 이민자들이 오랜 여행을 하는 동안에 배 안에서 먹을 수 있는 음식을 고안한 것이 햄버거였다는 설이 있다. 단단해진 훈제 고기를 타르타르 스테이크를 만드는 요령으로 잘게 다져서 물에 적신 뒤 양파 등의 야채를 섞어 먹을 수 있는 방법을 생각한 것이 시초라는 것이다.

어쨌든 한동안은 이민자들의 식사 대용품으로 머물렀을 뿐 어엿한 요리로서 인정받은 흔적은 없다. 다진 고기를 둥글게 만들어 그릴로 구워내는 요즘의 스타일이 정착된 것은 1900년경이라고 알려져 있다. 하지만 그 후에도 요리에 사용하고 남은 고기나 상한 고기 같은, 이른바 쓸모 없는 고기를 처리하는 음식이라는 달갑지 않은 이미지가 오랫동안 지속되었다.

둥근 빵을 사용한 샌드위치형 햄버거가 대중에게 알려지게 된 가장 큰 계기는 1904년 세인트루이스에서 개최된 '루이지애나 백주년 박람회'다. 핫도그와 함께 가벼운 스낵으로서 대회장에서 판매된 이후에 정식 요리로 인정받게 되었다. 그러나 여전히 삼류 음식이라는 평가는 바뀌지 않았다.

하지만 1921년에 캔자스 주 위치타에 개업한 '화이트 캐슬'이 처음으로 신선한 쇠고기를 사용해 요리로서의 햄버거를 판매한 이후부터 세상 사람들이 햄버거를 보는 눈도 크게 바뀌었다. 마침내 이렇게 해서 햄버거는 미국의 대표적인 음식으로 사랑받게 되었는데 황금색 아치의 맥도널드가 탄생한 것은 그로부터 4반세기가 지난 이후다.

미국 요리와 패스트 푸드의 관계

미국 요리란 무엇인가?

  미국의 건국역사는 1620년 11월, 영국의 필그림이라고 불리는 청교도들이 메이플라워 호를 타고 바다를 표류하다가 매사추세츠 주 남동부의 코드 곶에 도착하면서 시작된다.

  그들이 그곳에 맨처음 도착해서 무엇을 먹었는지는 확실하지 않지만 한 가지 분명한 것은, 얼마 후에 플리머스에 정착지를 건설하고 이듬해 11월에 처음으로 지낸 수확제(收穫祭)가 추수감사제의 시초라는 것이다.

  첫 번째 수확제에서부터 여섯 명의 여자들에 의해 일찌감치 현재의 요리와 같은 메뉴가 만들어졌다. 그때 마침 공교롭게도 밀가루가 떨어져 빵과 호박으로 만든 파이, 밀크, 버터 등은 없었지만 그 대신 사슴 고기, 삶은 호박, 강낭콩, 칠면조, 옥수수를 가루로 빻아서 만든 튀긴 빵과 옥수수 수프 등이 식탁을 장식했다.

사흘 동안 계속된 수확제에는 원주민인 인디언 91명도 정식으로 초대받았다. 인디언들이 굶어 죽기 직전의 그들에게 하나에서 열까지 모든 생활의 지혜를 가르쳐준 데 대한 감사의 표시였다.

이윽고 토양에 익숙해진 정착민들은 신대륙의 음식 재료를 고국의 조리 방법으로 요리하는 여유를 갖게 되었다.

예를 들면 영국에서 로스트 비프에 당연히 함께 제공되는 요크셔 푸딩은 옥수수 가루에 달걀과 우유를 첨가해 오븐에서 구워낸 콘 푸딩 등으로 대용됐는데, 그것은 나중에 미국의 전통 요

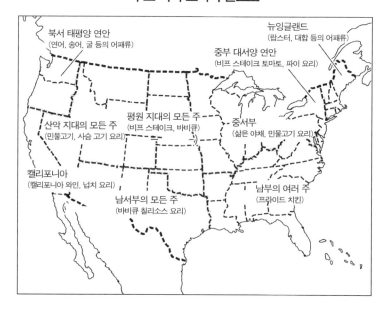

주요 미국 요리의 분포도

북서 태평양 연안
(연어, 송어, 굴 등의 어패류)

뉴잉글랜드
(랍스터, 대합 등의 어패류)

중부 대서양 연안
(비프 스테이크 토마토, 파이 요리)

평원 지대의 모든 주
(비프 스테이크, 바비큐)

중서부
(삶은 야채, 민물고기 요리)

산악 지대의 모든 주
(민물고기, 사슴 고기 요리)

캘리포니아
(캘리포니아 와인, 넙치 요리)

남부의 여러 주
(프라이드 치킨)

남서부의 모든 주
(바비큐 칠리소스 요리)

리가 되었다.

또 보스턴의 명물로 유명한 베이쿠드 빈즈는 알곤킨 인디언으로부터 전해진 요리다. 강낭콩에, 소금에 절인 돼지고기나 야채를 넣고 삶은 뒤 메이플 시럽으로 맛을 내 오븐에서 구워낸 것이다.

이런 예를 통해서 알 수 있듯 기본적으로는 인디언 요리를 바탕으로 영국의 조리법으로 만든 것이 미국 요리의 원류가 된다.

미국 요리의 특징

미국은 전세계 어느 나라와도 비교할 수 없을 정도로 엄청난 양의 신선한 음식 재료를 가졌을 뿐 아니라 주방 설비에 있어서도 세계 최고 수준을 자랑하는 국가다. 따라서 언제든 훌륭하고 멋진 요리를 얼마든지 창조해낼 수 있었다. 더구나 세계 각지에서 들어온 이민자들에 의해 요리와 관련된 지식이나 정보는 매우 다채로웠다. 또한 컬러사진을 사용한 요리책들이 출간돼 다양한 요리들을 배우기도 쉬웠다.

그런데도 미국을 대표하는 요리 중에 칭찬할 만한 요리는 거의 없다.

예를 들면 T본 스테이크(T자 모양의 뼈 한쪽에 필렛이라는 등심 부위, 다른 한쪽에는 설로인이라는 등심 부위가 붙어 있는 스테이크)가 그렇다. 양은 2인분 이상은 되지만 특별한 맛이 없을 뿐 아니라 먹다 보면 마치 고무를 씹는 듯 질기기 짝이 없다.

어디가 어떻게 맛이 없는지 구체적으로 검증해보자.

우선 전체적으로 맛이 강하고 단맛, 짠맛, 매운맛의 구별이 분명하다는 점이다. 국물이라는 음식 문화가 발달하지 못한 대신에 보존 기술만 우선시된 결과 동양 요리에서 찾아볼 수 있는 미묘한 감칠맛은 전혀 없다. 따라서 소재 자체의 맛은 거의 죽어버린다. 그런가 하면 때로는 맛을 전혀 느낄 수 없는 요리도 있다.

또 조리할 때의 섬세한 기술도 부족하다. 일반적으로 지나치게 불을 많이 사용하는데, 동양의 음식처럼 소재의 풍미나 색깔을 살리기 위해 살짝 굽거나 데치는 습관은 거의 찾아볼 수 없다. 불을 지나치게 많이 사용해서 삶은 야채는 통조림 야채처럼 흐느적거리고 파스타 종류는 끈기가 없으며 '레어'라고 지정하지 않은 스테이크는 푸석푸석하기까지 하다.

이래서는 빈말이라도 맛있는 요리라고 평가하기 어렵다.

'개척자의 혼'과 요리의 관계

미국인은 맛을 음미할 줄 모르는 인종이라는 혹평을 받기도 한다. 요리의 수준이 높지 않은 영국이나 독일 등 북유럽과 서유럽 방면에서의 이민이 주류를 이루었기 때문에 원래 맛있는 요리와는 인연이 없었다.

게다가 개척자의 나라라는 역사적인 경위도 있다.

드넓은 황무지를 개척하려면 가족이 모두 땀 흘려 일하지 않을 수 없었다. 따라서 질보다 양이 중시되었고, 여유 있게 시간과 정성을 들여 음식을 만드는 습관 따위는 도저히 형성될 수 없는 상황이었다.

풍부한 어패류와 육류를 소금이나 후추로 간단히 간을 해 만드는 것은 거친 개척자의 혼을 신성시하는 미국인들이 좋아하는 요리 스타일이다. 그들의 입장에서 보면 집 안에서 한가롭게 맛을 내기 위해 정성을 기울이는 노력보다는 드넓은 밭을 개간하면서 개울에서 고기를 낚거나 숲으로 들어가 짐승을 사냥하는 쪽이 훨씬 더 긍정적이고 아름다운 광경이다. 즉 미국은 겉으로 보는 것 이상으로 남성형 사회인 것이다.

더불어 앞에서도 지적했듯 양이 지나치게 많다는 문제도 있다. 그들의 거대한 위장을 채우려면 엄청난 양이 필요하지만 한 번에 대량의 음식을 조리하면 미묘한 맛을 균등하게 적용시키는 것은 불가능하다. 그러다 보니 같은 재료라도 맛이 달라질 우려가 있기 때문에 설탕이나 소금, 마요네즈나 케첩 등의 조미료를 대량으로 쏟아붓는 악순환이 되풀이될 수밖에 없었다.

미국에서 패스트 푸드가 발달한 이유

미국에는 훌륭한 전통 요리는 없어도 패스트 푸드의 종류는 다양하다. 아니 미국이야말로 패스트 푸드의 고향이고 당당한 성지라고 말 수 있다.

햄버거나 프라이드 치킨을 비롯해 피자파이, 핫도그, 샌드위치, 팬케이크 등 모두 습관성이 있어 버릇이 들기 쉬운 음식들이다. 몇 번 먹으면 질릴 만도 하지만 미국인은 매일 한 번은 패스트 푸드를 입에 대지 않고는 못 견디는 것 같다.

미국에서 패스트 푸드가 발달한 이유는 개척 시기에 혹독한 육체노동을 하면서 요리에 시간을 들일 여유가 없었고, 가공 보존음식을 중요하게 생각하는 전통 때문이다. 그중에서도 통조림이나 병조림 등은 특히 큰 발전을 이루었다.

개척 시대 이후에 등장한 것이 합리주의와 능률주의 시대다. 가능하면 노동력을 줄이고 모든 일을 간편하고 신속하게 처리하는 것이 장려됐는데, 이런 사고방식은 주방에서의 작업에도 적용됐다. 노력과 시간을 줄이기 위해 대형 냉장고가 개발되어, 그 안에 음식 재료를 가득 채워놓고 필요할 때마다 오븐이나 레인지로 데워 먹는 것이다.

이처럼 '요리'라고 말할 수 없는 거친 음식을 어린 시절부터 먹다 보면 부모와 마찬가지로 맛을 음미할 줄 모르는 사람으로 자랄 수밖에 없다.

패스트 푸드도 능률주의에서 발생한 음식이다. 주방이나 도마 대신 대형 조리기구를 갖춰놓고, 누구나 매뉴얼에 따라 단추만 누르면 질이 같은 대량의 음식물이 즉시 제공되는 구조가 패스트 푸드점이다.

패스트 푸드는 합리적인 미국인의 생활에 가장 적합한 대표적인 음식이다. 인스턴트 식품이나 레토르트 식품이 가정 요리를

극단적으로 합리화시킨 것이라면 패스트 푸드는 외식을 극단적
으로 합리화시킨 것이라고 말할 수 있다.

2

세계를 움직인 차·커피·술의 매력

'차'는 어떻게 '티'가 되었는가?

중국의 역대 왕조가 낳은 '차'

차의 카페인에는 중독성이 있어서 영국인의 경우에는 평생 10만 잔 이상의 홍차를 마신다고 한다.

차의 원산지는 미얀마 북부에서 중국의 운남성(雲南省)에 이르는 지역 일대다. 차를 마시는 습관이 시작된 것은 기원전 3세기경이다. 처음에는 종기나 방광의 통증을 가라앉혀주고 졸음을 쫓아주는 한약의 일종으로 이용되었다. 그러다가 술을 금지하는 불교의 전파와 함께 3세기 중반부터 순수한 기호품으로서 마시게 되었고, 그로부터 약 1세기 정도 지나 본격적인 차 재배가 시작되었다.

당 나라 시대 초기인 7세기 초반에는 일반 대중들에게도 널리 보급되었기 때문에 중요한 환금작물(換金作物)로서 전매제도가 도입됐다.

국내에서의 거래가 활발해짐에 따라 주변 국가들과의 교역도 왕성해졌고, 이윽고 실크 로드를 거쳐 오지의 오아시스 도시나 중앙아시아로 전파됐다. 특히 이런 지역은 건조 지대이기 때문에 차는 더할 나위 없는 음료수로서 매우 중요한 취급을 받았고 나중에는 비단 이상으로 중요한 교역상품이 됐다고 한다.

차가 제조 방법, 음용 방법에 있어서 가장 발달한 것은 11~12세기의 송 나라 시대다. 북송의 8대 황제인 휘종(徽宗)에 의한 『대관차론(大觀茶論)』은 다도의 정점에 다다른 것이었다.

차는 제조 방법에 따라 다양하게 구분되는데 크게 나누면 발효시키지 않은 녹차, 절반 정도 발효시킨 우롱차, 발효시킨 홍차의 세 종류로 나눌 수 있다. 일반적으로 중국의 화북인(華北人)들은 녹차나 녹차에 자스민 등을 넣은 화차(花茶)를 애호하고 복건(福建) 지방의 남방인들은 우롱차, 광동(廣東) 등에서는 홍차를 애호하는 경향이 보인다.

또 녹차를 운반하는 도중에 우연히 선창에서 자연 발효돼 홍차가 됐다는 일화는 그럴듯하기는 하지만 꾸며낸 이야기다.

처음에는 영국에서도 녹차를 마셨다

차는 원(元) 나라 시대인 14세기가 되자 실크 로드를 경유해

러시아에서 인도, 페르시아, 터키로까지 전파된다. 육로로 운반
된 차는 모두 고형 녹차로, 그들은 이것을 잘게 부수어 끓여서
우유나 양젖, 버터 등과 섞어 마셨다.

육로보다 3백여 년 정도 늦게 복건 지방의 아모이(廈門)가 차
를 선적하는 항구로 등장하자 바닷길을 통해 동남아시아와 유럽
각지로도 전파되었는데, 1610년에 나가사키 현(長崎縣)의 히라
도(平戶)에서 네덜란드 동인도회사의 배가 녹차를 선적해 자바

차의 전파도

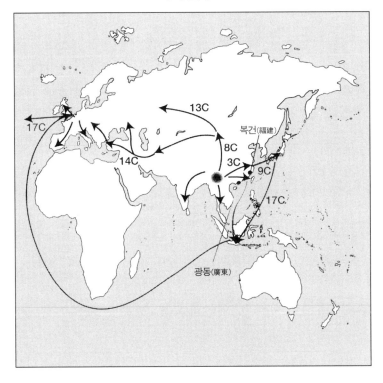

섬의 바타비아를 거쳐 암스테르담으로 운반한 것이 유럽으로 건너간 최초의 차로 알려져 있다.

바닷길을 제일 먼저 독점한 나라는 네덜란드였다. 하지만 1669년에 영국 동인도회사가 중국으로부터 직접 차를 수입하는 데 성공하면서 영국은 바닷길을 한 손에 거머쥐게 되었다. 현재 영국이 세계 굴지의 차 소비국가가 된 계기이기도 하다.

처음에는 영국에서도 녹차를 마셨지만 경수(硬水)의 수질이 발효시킨 차에 적합했고, 육식 중심의 식사에는 짙은 맛이 나는 차가 잘 어울렸기 때문에 나중에 홍차를 자주 마시게 되었다고 한다.

이렇게 해서 영국에서는 녹차보다 홍차를 더 선호하게 되었고, 19세기에 인도나 스리랑카에서 대규모 차 재배를 전개해 세계의 홍차 시장을 제압하자, 영국뿐 아니라 중동이나 유럽 여러 나라에서는 대부분 녹차에서 손을 떼고 홍차로 전환해버렸다.

그러나 영국에 의한 홍차 독점판매와 비싼 세금을 기피한 프랑스와 미국 등에서는 서민들의 기호가 저절로 차에서 커피로 옮겨갔고 그 때문에 홍차는 영국, 커피는 미국이라는 도식이 정착됐다.

차를 표현하는 방법에 나타나는 전파 루트

차라는 이름은 기원전 2세기경 중국에서 만들어진 가장 오래된 사전 『이아(爾雅)』에 처음 등장한다. 그 뜻은 '쓰다'라는 의미에서 나온 것인데 아마 달였을 때의 쓴맛에서 유래된 것 같다.

　차는 표준 중국어인 북경어(北京語)에서도 '차'라고 발음하는데 원래는 광동어의 '차'에서 비롯된 말이다. 육로로 전파된 차는 그 집산지가 광동 지방이었기 때문에 그 이름이 그대로 정착됐다. 몽고의 '차이', 북인도의 '차야', 이란의 '차', 터키나 러시아의 '챠이', 아랍의 '샤', 한국의 '차' 등은 모두 어원이 광동어의 '차'다. 즉 '차'라는 호칭을 사용하는 국가는 기본적으로 육로를 경유해 차가 전파되었다고 말할 수 있다.

　한편 바닷길에는 복건어인 '테'가 현지어로 정착됐다. 말레이반도의 '테이', 남인도나 스리랑카의 '테에이', 독일·프랑스·이탈리아·스페인 등 서유럽의 '테' 또는 '테이', 그리고 영국의 '티'가 그런 지역에 해당한다. 이 '테'라는 호칭을 사용하는 국가는 기본적으로 바닷길을 경유해 차가 전파된 지역으로 어원은 복건어의 '테'다.

　문제는 일본의 '차'다. 앞에서 설명한 루트를 따라 '차'라는 발음의 어원을 찾아보면 육로를 경유해 전파되었어야 하지만 물리적으로 생각하면 불가능하다(일본은 섬나라이니까). 그렇다고 바닷길을 경유해 전파되었다면 '테'라는 호칭을 사용해야 한다.

　여기에는 역사적인 경위가 복잡하게 얽혀 있다.

　차 묘목이 일본으로 들어온 것은 8세기 초로 당 나라의 사절단으로 건너갔던 유학 승려에 의해 전파됐다고 한다. 그가 가지고 들어온 묘목은 양자강(揚子江) 남쪽 기슭에서 재배된 것으로 이 지방에는 이미 광동어의 '차'라는 호칭이 정착돼 있었다.

　그러나 복건 지방에서 차가 선적된 것은 그보다 훨씬 나중인 16세기 이후. 즉 8세기에 이르는 '시간차'에 의해 복건어의 '테'라는 호칭이 도입될 여지가 사라졌던 것이다. 다시 말해 일본어의 '차'는 광동어에서 유래되었다는 것이 정설일 것이다.

커피를 처음 마신 사람은 누구인가?

원산지인 에티오피아에서는 식용으로 이용

커피는 세계적으로 사랑받는 기호식품으로 수많은 사람들이 그 향기에 매료돼 있다. 연간 약 650만 톤 이상의 커피 원두가 생산되고 있는데, 이것은 차의 두 배 이상이 되는 양이다.

커피의 원산지는 에티오피아 남서부의 카파(kaffa) 지방이다. 카파 지방은 평균 표고 2천4백 미터의 고원 지대다. 커피의 어원 자체가 '카파'라는 이름에서 유래됐다고 전해지듯 이곳에서는 부노라고 불리는 야생 커피나무가 무성한데, 주민들은 지금도 그 열매를 약용의 일부로 대용하고 있다고 한다.

그렇다면 사람들은 언제부터 커피를 마시게 된 것일까?

여러 가지 설이 있지만 모두 전설의 영역을 벗어나지 못하고 있다. 적어도 커피와 관련된 가장 오래된 문헌은 10세기 초에 아랍의 의사인 라지(Rhazes, 865~923)의 기록이라고 말할 수 있다. 여기에는 소화, 심장강화작용, 이뇨작용 등을 인정한 라지가 '반(bun)'이라고 불리는 야생 커피열매를 부수어 끓여서 '반찬(Bunchun)'이라는 이름을 붙여 환자들에게 마시게 했다는 기록이 있다.

이것에 의해 커피를 처음 마신 사람은 이슬람교도라는 설이 매우 유력해졌다. 그리고 그런 주장을 뒷받침해주듯 이슬람 학자인 압둘 카딜이 1587년에 저술한 세계 최초의 커피 전문서적 『커피 유래기』에는 다음과 같은 일화가 소개돼 있다.

예멘 모카의 이슬람교도 셰이크 오마가 오사브 산에서 작은 새가 물고 있는 붉은 열매를 시험삼아 먹어보았다. 그러자 금세 몸과 마음이 모두 상쾌해졌다. 오마는 즉시 그것을 약용음료로 가공해 수많은 환자들에게 마시게 해서 고통을 덜어주었고, 그 덕분에 나중에 성자(聖者)라는 칭송을 받았다.

그러나 이 이야기는 1258년의 일로 기록돼 있다. 앞에서 소개한 라지설보다 2세기 반이나 뒤처지기 때문에 아쉽게도 커피를 처음 마신 선구자라는 명예는 안겨줄 수 없다.

한편 J·M·페론이 작곡한 대중음악 「커피 룸바」의 첫 부분이 '옛날에 아랍의 위대한 승려가~'로 시작되는데 이 가사의 근거는 이 일화에 있다.

비약(秘藥)으로 애용한 이슬람교도

이슬람교도의 이야기도 그렇지만 크리스트교도에 의한 전래설도 매우 강력하다.

16세기 레바논의 언어학자인 파스스 말로니타는 그의 저서인 『잠을 모르는 수도원』의 한 부분에서 다음과 같은 내용을 소개하고 있다.

옛날 에티오피아의 고원에 살던 칼디아라는 양치기가 이집트 왕의 박해에서 벗어나기 위해 은둔생활을 하는 크리스트교도에게 이런 질문을 했다.

"염소가 붉은 열매만 먹으면 밤마다 소란을 피워 잠을 잘 수 없는데 대체 무슨 이유 때문인지 모르겠습니다."

두 사람은 우선 문제의 붉은 열매를 직접 먹어보기로 하고 그것을 으깨어 먹어보았다. 그러자 기분이 상쾌해지는 것을 느낄 수 있었다. 신도는 즉시 다른 신도에게도 이 열매를 권했고, 그 덕분에 신도들은 밤의 미사 때에 졸지 않고 수행에 힘쓸 수 있게 됐다.

이 이야기의 배경은 6세기쯤이라고 전해지고 있는데 라지설을 기준으로 시간적인 관계를 살펴보면 이 주장에도 일리는 있다고 여겨진다.

이런 전설의 진위야 어찌됐든 지금처럼 커피 원두를 끓여 마시는 방법을 고안한 사람이 아랍인이라는 점은 사실인 듯하다.

차와 커피의 문화권

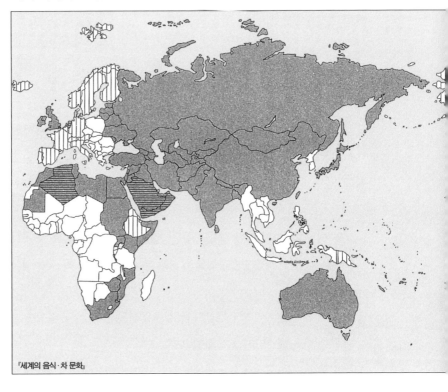

『세계의 음식·차 문화』

약 1천 년 전에 아프리카의 동해안을 지배했던 아랍인은 에티오피아 특산품의 하나인 커피나무에 주목하고 처음에는 기름으로 반죽한 환약 같은 것을 그대로 먹었다고 한다. 그러다가 13세기 후반에 볶은 원두를 따뜻한 물에 담가 마시는 방법을 터득했는데, 이 액체는 앞에서도 설명한 것처럼 반찬이라는 이름으로 불렸다.

알라의 엄격한 계율에 의해 알코올이 금지된 이슬람교도들 사이에서는 이것을 흥분제, 즉 비약으로서 애용한 듯하다. 그래서

차 문화권

커피 문화권

차와 커피 문화권

(각각, 1인당 연간
2천 잔 이상 마시는 지역)

아랍어의 카화(Qahwa: 커피)는 동시에 술을 의미하는 말이 됐다.

'악마의 극약'이 유럽에서 붐을 일으키기까지

비약으로 여겨졌던 커피는 오랜 세월 동안 이슬람 사원 안에서만 음용돼 외부에는 알려지지 않았다. 그런 커피가 처음으로 일반에게 공개된 것은 1454년 아라비아 반도 남단에 있는 아덴에서의 일이다. 그 향긋한 향기는 즉시 수많은 사람들의 마음을 사로잡아 반도를 북상하면서 메카(Mecca: 사우디 아라비아 서부의 도시)에서 카이로와 다마스커스로 마치 불길이 번지듯 퍼져나갔다.

본격적인 커피점이 등장한 것은 1554년, 오스만(터키)의 수도 콘스탄티노플(이스탄불)에서 시리아인 하킴과 제임스라는 두 명의 상인에 의해 개업되었다고 한다. 가게 이름은 '멕테브 이 이르판', 즉 '문화인 학교'라는 것이었다.

그러나 그때까지도 커피는 『코란』의 교리에 위배되는 악마의 극약이라는 편견에서 벗어나지 못해 메카나 카이로 등에서는 금지와 탄압이 잇따랐고, 애호가들과 박해하는 자들 사이에서는 유혈 충돌도 자주 발생했다.

 그 후 이슬람교 문화권에서 크리스트교 문화권인 유럽으로 침투해 코코아와 홍차에 이은 제삼의 음료로서 국경을 초월해 퍼져나갔다. 유럽에 처음 전파된 것은 1615년으로 동양 교역에서 활약한 터키인이 이탈리아의 베네치아로 가지고 들어온 것이 시초다. 그것은 현재의 터키 커피처럼 *끈끈한* 액체로 처음에는 이국풍의 기이한 음료라는 이유에서 기피당하다가 얼마 후 그 향기에 등을 돌리지 못한 많은 사람들에 의해 프랑스와 영국 등지로 불길이 번지듯 퍼져나가면서 열광적인 붐을 일으킨 것이다.

역사를 바꾼 카페의 세계

커피 애호가를 농락한 종교 대립

커피가 유럽에 상륙해 이슬람 방식의 달이는 방법에서 걸러 마시는 방법이 주류를 이루게 되자, 사람들은 이국풍의 이 희한한 음료의 매력에 이끌렸고 인기는 계속 치솟았다.

1645년에는 이탈리아의 베네치아에 유럽 최초의 카페 '플로리안'이 생겼다. 이듬해에는 로마, 1650년에는 영국의 옥스퍼드, 1652년 런던, 1672년 파리, 그리고 1679년 독일의 함부르크에서도 카페가 문을 열었다. 한편 1683년에는 빈의 '카페 트빌리나', 1689년에는 파리의 '카페 프로코프' 등 몇 세대에 걸쳐 카페 문화를 계승하는 전통적인 가게도 개업했다.

그러나 커피를 마시는 습관은 처음부터 순조롭게 정착된 것은 아니다. 이탈리아에서는 숙적인 이슬람교도들의 음료를 쉽게 받아들여서는 안 된다는 비판이 강해 애호가들과 배척자들 사이에 난투극 직전까지 가는 등 대립이 심화됐다. 그런데 중재에 나선 교황 우르바누스 8세의 판결로 대립은 종결됐다.

우르바누스 8세는 이런 판결을 내렸다.

"이렇게 맛있는 음료를 이슬람교도들만 독점하게 할 수는 없다."

여담이지만 커피에 설탕이나 밀크를 넣는 스타일을 고안한 사람은 빈에 '카페 트빌리나'를 개업한 폴란드인(일설에 의하면 크로아티아인이라고도 한다) 프란츠 게오르그 코르시츠키다.

그는 1683년 빈 공략을 단념하고 퇴각하는 터키군에게 거의 공짜와 다름없는 가격으로 받은 수만 자루에 이르는 커피 원두를 바탕으로 카페를 개업해 엄청난 재산을 축적했다고 한다. 또 그는 커피를 걸러 가루를 버리고 생크림을 넣은, 이른바 비엔나 커피도 동시에 고안해 나중에 '커피의 영웅'으로 불리기까지 했다.

혁명의 온상이 된 파리의 카페

카페(영국에서는 커피하우스라고 불렀다)는 단순히 커피를 즐기는 장소뿐만 아니라 비즈니스를 비롯한 다양한 정보를 교환하는 사교장으로도 인기를 모았다. 이윽고 정치가, 학자, 예술가, 상인, 군인, 신자 등 모든 계층의 사람들이 드나들게 되었고, 어느 틈에 클럽 같은 성격을 띠면서 일종의 토론장으로 발전했다.

영국의 커피하우스에서는 불과 1페니의 입장료와 1페니의 커피 값만으로도 향기로운 커피를 마시면서 진지한 토론을 벌일 수 있었다. 그래서 '페니 대학'이라고도 불렸는데 지식이나 교양을 갖출 수 있는 매력적인 장소였다는 것은 틀림없는 사실이다.

그 때문에 과격한 사상이나 혁명의 온상이 되는 것을 우려한 찰스 2세는 1675년에 커피하우스 폐쇄령을 공포했지만 효과는 거의 없었다.

하지만 권력자에 의한 이런 방해는 민중을 더욱 자극해 열기의 중심은 점차 파리로 옮겨졌다. 파리의 카페에서 탄생한 새로운 사상이나 예술은 시민계급의 의식을 바꾸는 계기로 작용했고 마침내 프랑스 혁명의 원동력이 됐다.

유럽의 근대 사상사를 이야기할 때 카페가 중요한 위치를 차지하는 이유는 이런 배경이 있기 때문이다. 단 당시의 카페는 남성들만의 사교장으로 여성들은 19세기 말이 돼서야 이용할 수 있게 됐다.

한편 신대륙인 미국에서는 1696년 뉴욕에 맨처음 커피하우스가 등장했다. 커피는 1730년대에 접어들면서 일반 가정에도 보급돼 서부 개척 시대의 빼놓을 수 없는 음료로 자리 잡지만 서부의 가난한 농촌에서 커피 원두를 구하는 것은 쉽지 않은 일이었다. 그래서 개척자들은 고민 끝에 검은 빵, 보리, 도토리, 민들레 뿌리, 코담배 등을 끓여 색깔만 커피와 비슷한 액체를 대용품으로 마셨다고 한다.

커피의 1인당 연간 소비량(2000년 통계)

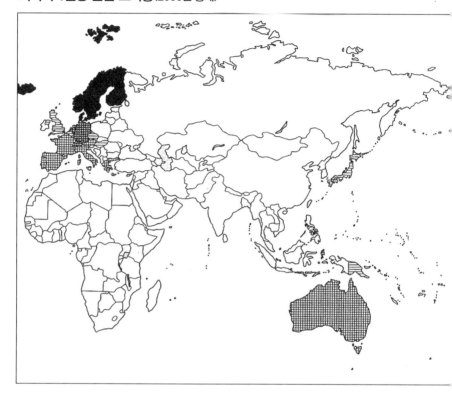

일본에서의 첫 평판은?

일본에는 에도 시대(江戶時代: 1603~1867. 도쿠가와 막부가 무인정권을 잡고 다스렸던 265년 간의 시기) 후기인 덴메이(天明: 1781~1788) 기에 네덜란드인에 의해 전파됐다고 알려져 있다. 1795년에 간행된 『나가사키 견문록(長崎見聞錄)』에는 이런 기록이 있다.

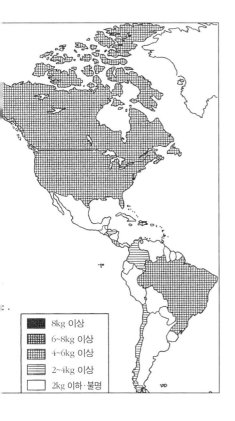

커피는 야만인들이 달여 마시는 콩 같은 것으로…… 일본의 차를 마시는 것과 마찬가지로 평상시에 음용한다. 커피 주전자는 커피를 끓이는 용기인데 놋쇠로 만든다.

일본에서 처음으로 커피를 마신 사람은 막부의 신하들이다. 각기병을 예방한다는 치료 목적이 있었다고 하는데 물약(?)을 강제로 마셔야 했을 그들의 당혹스런 표정이 저절로 떠오른다.

일본에서의 첫 커피전문점은 1886년에 도쿄 니혼바시(日本橋)에 문을 연 '센슈테이(洗愁亭)'라고 알려져 있는데 본격적인 커피전문점은 2년 후에 우에노(上野)에 개업한 '가히차칸(可否茶館)'이라는 것이 통설이다. 경영자는 정영경(鄭永慶)이라는 중국인으로 한 잔이 1전5리이고 우유를 넣는 경우에는 2전을 받았다고 한다.

그러나 일본인들에게는 예전부터 녹차를 애호하는 습관이 정착되어 있었기 때문에 쓴맛만 나는 커피는 서민들의 입에 맞지 않았다. 또 커피를 마시면 '배가 검게 변한다'는 근거 없는 소문도 퍼져 인기가 없었다. 기껏해야 서양으로 유학을 다녀온 사람이나 신세대 문화인들이 즐기는 정도였다고 한다. 그 결과, 두 커피전문점은 개업한 지 몇 년이 지나지 않아 문을 닫아버렸다.

그 후에도 보리와 팥을 새까맣게 탈 때까지 볶아서 원두커피처럼 만들어 끓여서 마시는 대용 커피가 이용되기는 했지만, 일반 대중들이 그 풍미를 즐길 수 있게 된 것은 제2차 세계대전이 끝나고도 10년이 훨씬 더 지난 1960년에 원두커피가 자유화된 이후의 일이다.

증류주의 고향은 서아시아였다

금주 문화권인 이슬람 문화권이 발상지로 알려지게 된 사정

이슬람 세계에서 알코올은 금지 사항이다. 알라가 '음주는 악마가 하는 짓이며 신앙을 방해하는 행위이기 때문에 금지한다'라고 명확하게 밝혔기 때문에 만약 술을 먹고 비틀거리다가는 혹독한 조치를 당하게 된다.

하지만 그것은 어디까지나 건전한 생활을 바탕으로 한 이론이다. 사우디아라비아나 이란처럼 계율이 엄한 국가라면 몰라도 다른 이슬람권에서는 맥주를 가볍게 마시는 정도는 알라도 이해해주는 듯하다. 불교 국가에서도 오래전부터 '반야탕(般若湯)'이라고 해 금주의 계율을 깬 파계승이 끊이지 않고 있지 않은가.

이슬람 하면 떠오르는 금주 때문인지 양조 기술과는 인연이 없을 것이라고 생각하기 쉽지만 그런 선입관에 얽매여서는 안된다. 문헌에 의하면 세계 최초로 증류주가 제조된 장소는 기원전 8세기경 메소포타미아로 알려져 있을 정도다. 무하마드에 의해 이슬람교가 막을 올린 것은 7세기 초. 증류주의 역사는 그보다 훨씬 더 이전이니까 신앙보다 술이 더 오래전에 존재했다는 것이다.

증류주는 밀이나 쌀 등 곡류를 이용해 만든 것, 과일을 이용해 만든 것, 사탕수수, 감자, 야자 등의 원료를 이용해 만든 것 등 크게 세 가지로 구분된다. 세계 최초의 증류주는 대추야자 열매를 이용해 만든 것이라고 알려져 있다.

한편 증류주뿐 아니라 세계 각지에서는 전통적인 양조 기술을 찾아볼 수 있는데 이것을 유형화한 것이 지도 '세계의 양조문화권'이다.

가장 오래된 증류주 아락이란?

동남아시아, 인도, 서아시아, 발칸 반도, 북아프리카, 이베리아 반도까지의 아시아에서 유럽 남부에 이르는 드넓은 지역에 아락, 쿠라, 아라키, 라키, 오라카 등으로 불리는 술 이름이 있다. 원료나 호칭은 지역에 따라 다양하지만 모두 증류주를 총칭하는 것이다. 그리고 이것이야말로 세계에서 가장 오래된 증류주다.

원료를 예로 들면 이집트를 비롯한 서아시아에서는 대추야자,
터키나 발칸 반도에서는 포도, 인도나 스리랑카에서는 야자나무
의 수액인 토데, 태국이나 인도네시아 등의 동남아시아에서는
쌀이나 사탕수수의 당밀이라는 식으로 각각 국가를 대표하는 재
료가 사용되지만, 모두 자연 발효시킨 것을 증류해 만든다는 점
에서는 공통된다.

  알코올 양은 원료나 양조 전후의 손질 방법에 따라 다르지만

세계의 양조 문화권

『세계의 음식·세계의 술』

대부분 신선한 술인 경우에는 40도 이상이고 숙성된 술인 경우에는 70도에 이르는 독한 것도 있다. 그러나 불순물이 들어 있는 값싼 술을 스트레이트로 마시면 숙취에 시달리게 된다.

아락(Arrack, Arak) 자체는 무색 투명하지만 현재는 떡갈나무로 만든 술통에 넣어 저장하기 때문에 술통의 색깔이 물들어 옅은 황갈색을 띠는 것들이 많다. 일반적으로 특유의 신맛이 강하지만 향신료를 듬뿍 넣어 만드는 인도 요리나 지방이 많은 중동 요리에는 잘 어울린다.

또 향기를 첨가하기 위해 향초인 아니스(anise)의 씨나 회향풀 등을 넣는데 물을 섞으면 술에 녹아 있는 성분, 특히 아니스의 기름이 화학반응을 일으켜 응고되는 식으로 하얗게 흐려지는 것이 특징이다. 물이 적으면 연한 분홍색에 가까운 흰색이지만 물이 많아질수록 흰색이 진해져 나중에는 회색에 가까워진다. 색깔의 변화를 즐길 수 있다는 점에서는 향쑥을 녹여 넣은 프랑스의 증류주 압생트와 비슷하다고 말할 수 있다.

'아락'과 '락(酪)'의 관계는?

서아시아에서 탄생한 아락의 제조 방법은 이윽고 아랍 상인들에 의해 인도에서 동남아시아와 유럽으로 전파된다.

원 나라 왕조의 후비라이가 버마(미얀마)로 원정을 떠난 1277년에는 중국에도 전파됐다. 몽고어나 위글어에서는 지금도 아라키라고 하면 증류주를 가리킨다고 한다.

일본에는 에도 시대가 시작된 직후인 게이초(慶長: 1596~1615)기에 네덜란드인에 의해 자바를 경유해 전파됐다고 하며 '오란다 노아라키슈(阿蘭陀之阿剌吉酒)' 또는 '아라키슈(荒氣酒)' 등으로 기록됐다.

시인 기타하라 하쿠슈(北原白秋)가 1909년에 저술한 처녀 시집 『자슈몬(邪宗門)』의 첫머리에 등장하는 시 '자슈몬 비곡(邪宗門秘曲)'에는 이런 내용이 실려 있다.

검은 배의 선장을, 붉은 머리의 이상한 나라를, 붉은 유리창을, 붉은 카네이션을, 남만의 가죽 무늬를, 깃발, 아라키, 보기 드문 술(붉은 와인)을—.

1900년대 초반까지는 이런 식으로 이국적인 정서를 풍기는 술의 대명사로 알려져 있었다.

그런데 아락이라는 어원은 고대 페르시아어의 '젖(乳)'을 의미하는 '라쿠'에서 비롯되었다고 한다. 나중에 이 라쿠는 라틴어로 바뀌어 젖산을 의미하는 라쿠토나 젖당을 의미하는 락토오스, 일본식 영어발음인 라쿠토아이스 등 다양한 언어로 차용됐다.

미국의 국민주 버번 위스키의 기구한 운명

부르봉 왕조와 버번의 뜻밖의 관계

미국인은 버번 위스키를 매우 좋아한다. 무엇보다 미국에서 탄생한 아메리칸 위스키이기 때문이다. 술통의 불에 탄 부분에 의한 연기 같은 향기, 혀끝에 감기는 감촉, 산뜻한 입맛 등에서 전세계적으로 꽤 많은 팬을 확보한 술이 버번 위스키다. 서부 영화에서 거친 남자들이 오두막처럼 생긴 술집에서 한잔 걸치는 광경을 흔히 볼 수 있는데 이것이 바로 버번 위스키다.

버번 위스키라는 이름이 붙여지는 조건은 다음과 같다.

─주원료인 옥수수가 전체의 51~79퍼센트를 차지하는 것.

─술통에서 꺼냈을 때의 알코올 농도가 40~62.5도인 것.

─증류시킨 이후 화이트 오크(white oak)의 안쪽을 불로 그슬

려 만든 작은 술통 안에서 2년 이상 숙성시킨 것.

─켄터키 주 안에서 제조된 것.

이 네 가지 조건을 충족시키지 못하면 버번 위스키가 아니다.

버번이라는 이름은 켄터키 주 북동부의 버번 지방에서 1789년에 처음 만들어졌기 때문에 붙여진 것이다. 1778년에 프랑스 부르봉 왕조의 루이 16세는 미국의 독립을 저지하기 위해 교전 중이던 영국에 선전포고함으로써 미국이 독립을 달성하는 데 도움을 주었다. 미국은 군사적 원조를 해준 프랑스에 경의를 표하며, 1783년에 버지니아 서부 일대를 버번 지방이라고 이름 붙였다. 주변에는 지금도 팰리스, 루이스빌, 베셀즈(베르사유)라는 프랑스에서 유래된 지명이 많다.

버번(Bourbon)이라는 철자로도 알 수 있듯 부르봉의 영어 발음이다. 이 지역은 켄터키가 주로 승격된 1792년 이후, 몇 개의 군으로 재편성되었지만 공교롭게도 지금은 군 조례에 의해 금주령이 내려져 있다. 버번 위스키 제조의 중심은 주 중부의 넬슨군으로 옮겨졌다.

위스키와 관련된 궐기에 의해 우연히 탄생한 술

처음에 옥수수를 원료로 증류주를 만든 것은 버번 지방 조지타운에 있는 밥테스트 교회의 목사 일라이저 크레이그다. '버번의 아버지'로 불리는 크레이그 목사는 술통을 사용해 독특한 향기를 내는 데 성공했다. 하지만 술통의 재료인 나무를 불에 그슬려 독특한 향기를 내게 된 것은 우연이었다고 한다.

이 지역에서 버번이 유난히 발달한 데에는 나름대로의 이유가 있다. 새로운 정부는 영국과의 전쟁에서 독립을 거머쥐었지만, 과거의 주인인 영국을 대신해 위스키에 무거운 세금을 매기는 것은 조금도 주저하지 않았다.

1794년, 당시 귀리를 이용해 위스키를 제조하는 중심지였던 펜실베니아 주에서는 너무 비싼 주세를 견디지 못한 업자들이 '궐기대회'라는 실력행사를 펼쳤고, 새로운 정부는 독립전쟁에서의 동원 숫자를 웃도는 1만 3천 명의 병력을 풀어 간신히 진압했다. 궁지에 몰린 제조업자들 대부분은 세금을 물지 않기 위해 주로 승격하는 것을 전후해 연방법이 미치지 않는 켄터키로 증류 시설을 옮겼다.

이렇게 해서 이 지역을 거점으로 밀주 제조가 성황을 이뤘는

버번 위스키의 주요 생산지

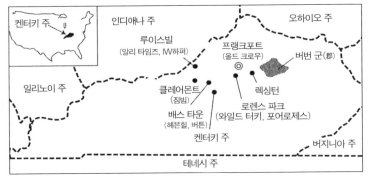

데 얼마 지나지 않아 원료인 귀리가 흉작을 보였다. 그러자 어쩔 수 없이 일시적으로 옥수수를 사용해본 것이 놀라울 정도로 맛이 좋은 술을 탄생시킨 것이다. 그야말로 전화위복이었다.

또한 켄터키는 위스키 제조에 더할 나위 없는 조건을 갖춘 '약속의 땅'이었다. 수질을 정화해 위스키의 산도(酸度)를 중화시켜주는 라임스톤이라는 석회암 층이 펼쳐져 있고, 기름진 목초지대는 원료인 옥수수를 재배하기에 적합했으며, 산에는 대량의 화이트 오크가 무성해 술통을 제조하는 데에도 걱정할 필요가 없었다. 버번 위스키에 사용되는 특수한 효모를 배양하려면 너무 덥거나 너무 춥지 않아야 하는데 기후까지도 가장 적합했다.

버번 위스키의 품질 규정 과정

여러 가지 바람직한 조건이 배경이 돼 버번 위스키 제조는 켄터키를 중심으로 비약적인 발전을 이룬다. 처음에는 확실한 제조 방법이 없었기 때문에 감각에만 의존하는 식으로 매우 거친 방법이 이용됐다. 그 때문에 실패작도 적잖이 발생했다.

스코틀랜드에서 이주해온 외과의사 제임스 클로우는 이 조악한 방법을 보고 깜짝 놀라 과학적인 제조 방법 개발에 나섰다.

얼마 후 그는 옥수수의 발아, 물 등의 비율 배분, 제조 방법 순서를 정립하고 엄중한 위생관리를 실시하는 등 엄청난 노력을 기울인 결과 1835년에 마침내 동일한 고품질의 버번 위스키 제조에 성공했다.

이렇게 해서 버번의 인기는 더욱 높아져 본고장의 스카치 위스키를 능가할 정도로 세계적인 명성을 얻게 되었다.

1830년대에는 미국의 성인들이 1년 동안 평균 23리터의 버번 위스키를 마셨다고 한다. 이것을 일반적으로 사용되는 750밀리리터 병으로 환산하면 30병에 해당하는 분량이다. 그러나 알코올을 즐기는 습관이 없는 여성, 또는 스카치 위스키만 마시는 남성 등을 제외하면 실제로는 그 몇 배 이상을 마셨다는 결론이 나온다.

한편 버번의 대명사로 알려져 있는 잭 다니엘은 테네시 주에서 생산하여 테네시 위스키로 분류, 엄밀하게는 버번 위스키라고 말할 수 없다. 원료나 증류 방법은 버번 위스키와 같지만 제조 과정이 약간 다른데, 단풍나무 숯으로 여과해 순한 맛을 강조한 점이 그것이다.

전쟁을 부른 매혹의 와인

태고부터 칭송받은 '신들의 음료'

인류가 처음으로 입에 댄 알코올 음료는 와인으로 알려져 있다.

유럽에서는 태고부터 와인은 신들의 음료로 여겨져왔다. 『구약성서』에는 와인에 대한 기록이 5백 군데 이상 등장하는데 그중에서도 「창세기」에는 40일 동안 내린 대홍수 이후, '농부가 된 노아가 포도밭을 일구기 시작했는데 포도주를 마시고 취해 대낮에 벌거숭이가 됐다'라는 유명한 노아의 포도재배 설화가 나온다.

예수가 최후의 만찬에서 "너희를 위해 흘린 나의 피"라고 말하면서 와인을 제자들에게 나눠준 이후 성당 미사에서 와인은 빼놓을 수 없는 존재가 되었다. 또 그리스 신화에서는 술의 신 디오니소스(Dionysos)의 피로 소개되어 있고, 고대 로마에서는 술의 신 바커스(Bacchus)에게 바친 음료로 소개돼 있다.

기원전 4천 년경, 메소포타미아의 티그리스 강 중류 지역에 거주했던 슈메르인이 와인을 양조했던 흔적이 우르(Ur: 유프라테스 강 델타 지대의 고도. 메소포타미아의 고대왕국 슈메르의 도시) 유적 등에서 발견됐다. 이것이 노아 전설의 원형이라고 알려져 있기 때문에 유사 이전부터 와인은 인간과 매우 친숙한 음료였다는 사실을 알 수 있다.

덧붙여 와인이라는 말은 라틴어의 '위누무', 고대 그리스어의 '오이노스'에서 유래된 것이다. 그 원형인 '위야나스'는 소아시아(아나트리아 반도)에 세력을 구축한 히타이트인의 언어라는 유력한 설이 있지만 확인되지는 않았다.

와인은 이집트와 페니키아를 거쳐 기원전 1700년경에 고대 그리스로 전해진 이후 그리스 식민도시들로 확대됨과 동시에 로마에서 남 프랑스와 이베리아 반도 등으로 퍼져나갔다.

기원전 8세기, 그리스의 시인 호메로스가 와인을 칭송해 수많은 시를 만들었다는 것은 잘 알려져 있다. 당시에는 커다란 그릇에 따른 와인을 주인이 먼저 마시고, 그 다음에 시계 반대 방향으로 돌아가면서 차례로 마시는 와인 연회의 매너도 있었다고 한다.

현재 세계적인 와인 생산지가 된 갈리아(Gallia) 지방의 보르도(Bordeaux)와 브르고뉴(Bourgogne), 상파뉴(Champagne), 게르마니아(Germania) 지방의 라인 강 유역 등에서 4세기경에 포도 재배와 와인 제조가 시작됐다.

그리고 크리스트교의 포교와 함께 교회에서는 사제들이 와인 제조 기술에 열성을 가지고 착수에 앞장서서 '성스런 예수의 피'를 연구하는 데 몰두했다.

와인에 대한 욕구가 전쟁으로

와인에 얽힌 일화는 엄청난 양이기 때문에 한정된 지면에서 모두 소개하기는 어렵다. 여기에서는 대표적인 일화 두 가지를 소개하기로 한다.

고대 그리스나 로마에서 와인을 찬물에 섞어 마셨다는 사실은 뜻밖으로 잘 알려져 있지 않다. 와인 1에 냉수 3의 비율이 기준으로 와인을 그대로 마시는 것은 교양이 없는 야만적인 행위로 여겨졌다. 와인에 물을 섞게 된 배경에는 취하는 것을 방지하는 이유도 있었지만 대량 생산이 불가능해서 아껴 마셔야 했기 때문이라고 한다.

또한 당시에 질그릇 같은 거친 용기를 사용해서 쉽게 증발하는 바람에 내용물이 농축되어 신맛이나 단맛이 매우 강해지는 경우가 많았다. 그래서 발효를 억제시키기 위해 송진이나 바닷물 같은 이물질을 첨가했지만, 농축된 와인을 마시기 좋도록 하기 위해 물을 섞었을 것이라는 추측도 나오고 있다.

중세 말기인 14~15세기에 영국과 프랑스 왕가 사이에서 시작된 이른바 백년전쟁의 원인 중 하나가 와인을 둘러싼 줄다리기였다는 사실은 유명한 에피소드다. 1152년 영국의 헨리 2세는 보르도를 포함한 아키텐의 공녀 엘레오노르와 결혼한 결과 파리 시민들은 더 이상 보르도 와인을 맛볼 수 없게 되었다.

그로부터 역대 프랑스 국왕들은 보르도를 되찾기 위해 다양한 시도를 했다. 그러다가 1337년에 프랑스의 왕위 계승 문제와 양모 지대(羊毛地帶)인 플랑드르 지방의 주도권 분쟁이 결정적인 원인이 되어 양국은 마침내 전쟁을 벌이게 된다.

초반에는 영국군이 우위를 보여 수많은 이권을 거머쥐었지만, 잔다르크 등의 활약에 의해 형세가 역전돼 영국해협과 인접한 칼레(Calais)를 제외한 프랑스 전역에서 영국군이 물러나는 것으로 전쟁은 끝났다.

유럽의 주요 와인 생산지

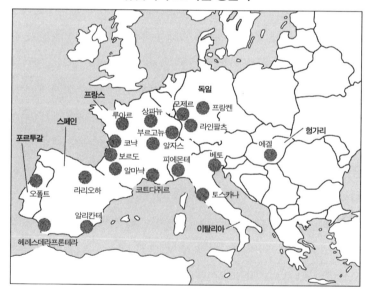

이렇게 해서 보르도는 프랑스에 귀속됐고, 파리 시민들은 다시 보르도 와인을 맛볼 수 있게 된 것이다.

식생활과 종교관에 따라 구분되는 알코올 문화권

와인의 원료는 포도로 한정돼 있는데도 그 타입이나 스타일은 매우 다양하다. 또 살아 있는 술이라고 불리는 와인은 질이 좋은 것을 양조하기 위해 품질, 기상, 지형, 토양 등 모든 면에서 섬세한 조건이 요구된다. 와인이 문화로 불리는 이유는 이 때문이다.

세계의 알코올 문화는 프랑스, 이탈리아, 스페인, 포르투갈, 그리스 등의 남유럽을 중심으로 하는 '와인 문화권', 영국이나 네덜란드, 스칸디나비아 제국 등 북유럽을 중심으로 하는 '위스키 문화권', 독일, 체코, 오스트리아의 중유럽 제국과 미국 등의 '맥주 문화권'으로 크게 구분할 수 있다.

와인 문화권에서는 기본적으로 술과 함께 식사를 한다. 그중에서도 프랑스인은 와인과 식사의 조화에 남다른 정열을 보였다. 요리의 맛을 이끌어내기 위해 와인의 이름이나 종류에 집착했는데, 이것은 니혼슈(日本酒: 청주)와 일식의 관계와도 공통점이 있다.

예를 들면 혼젠 요리(本膳料理: 일본 요리에서 손님 앞에 놓는 주가 되는 상)나 가이세키 요리(會席料理: 원래는 혼젠 요리를 간략하게 한 요리지만 현재는 주연을 위한 고급 요리) 등 일본 요리의 대부분은 술을 위한 안주라는 의미가 강하기 때문이다. 물론 식사를 하기 전에 술을 가볍게 마시는 반주라는 것도 있지만 사실은 근래 들어 생긴 새로운 습관이다. 원래는 식사와 술은 함께 먹는 것이었다.

와인과 위스키의 관계에 관한 이야기로 돌아가자. 이처럼 와인은 식사 도중에 마시는 술이지만 위스키나 맥주는 식사를 하기 전에 마시는 식전주에 속한다. 따라서 위스키 문화권에서는 칵테일을 포함해 술을 마신 뒤에 식사한다.

재미있는 점은 와인 문화권은 음식이 풍부하고 농경문화가 일찌감치 발전해 산업혁명 이후에는 공업화가 그다지 진전되지 않은 지역이다. 나아가 종교적으로는 가톨릭 문화권과 겹친다. 반대로 음식이 빈약하고 공업화가 급속도로 진행된 프로테스탄트 문화권에서는 위스키 또는 맥주를 선호하는 경향이 있다.

여기에는 와인이나 위스키의 원료인 포도나 보리의 재배 조건과 기후 등이 많은 영향을 끼친다. 또한 의례를 중시하는 가톨릭과 그다지 중시하지 않는 프로테스탄트의 종교적 차이도 깊은 관계가 있다고 여겨진다.

게르만인이 낳은 맥주 문화란?

6천 년 전에 메소포타미아에서 탄생한 술

맥주의 역사는 와인과 마찬가지로 매우 오래돼 이미 기원전 4천 년을 전후해서부터 마시기 시작했다고 한다. 십이진법이나 설형문자를 발명한 메소포타미아의 수메르인이 보리죽을 문 바깥에 방치해두었더니, 거기에 효모가 들어가 자연스럽게 발효된 것이 맥주의 시초라고 알려져 있다.

수메르인이 남긴 가장 오래된 점토판을 보면 당시에는 '시카르'라고 불리는 음료로 농업의 여신에게 바쳤다고 기록돼 있다. 그러나 현재의 맥주와 비교하면 거리가 먼 음료로, 홉(hop) 대신 약초를 넣어 맛을 낸 걸쭉한 액체로 사람들은 스트로를 이용해 마셨다.

문헌 기록에 따라 그 양조 방법을 추적해보년 다음과 같은 순서로 만들어졌다는 사실을 알수 있다.

-보리를 물에 담가 싹이 나면 햇볕에 말린다.

-맷돌로 갈아 물을 넣어 반죽한다.

-가볍게 구워 가루로 만든 다음에 물을 담은 커다란 가마에 넣고 발로 밟아 발효되기 쉽게 만든다.

-발효되어 걸쭉해지면 천으로 짠다.

작업은 주로 주부나 여성이 담당했는데 온도가 높은 여름에 저장할 수 없었기 때문에 만들어지면 그 자리에서 마셨던 듯하다.

기원전 18세기경에 성문화된 바빌로니아의 『함무라비 법전』에는 세계에서 가장 오래된 맥주와 관련된 법률 조항이 기록돼 있다.

· 승려가 수도원에 있지 않고 맥주를 파는 술집을 열거나 그런 술집에 드나들 경우에는 화형에 처한다.

· 맥주 값은 보리로 받아야 하는데 만약 은화를 받거나 보리로 내는 자보다 싼 가격으로 맥주를 마시게 한 여성은 물 속에 던져 넣는다.

그러나 양조 방법이 워낙 원시적이었기 때문에 그중에는 꽤질이 나쁜 맥주도 나돌았던 듯하다. 기원전 4세기의 그리스 철학자인 아리스토텔레스는 맥주를 마시고 취했을 때의 행동에 대해 이렇게 말했다.

"와인을 마시면 엎드린 자세가 되지만, 맥주를 마시면 무슨 이유에서인지 뒤로 쓰러져 벌렁 드러누운 자세가 된다."

실제로 고대 그리스인이나 로마인은 와인을 신들의 음료로 칭송했지만, 맥주는 이방인이 마시는 야만스런 음료라고 생각해 마시지 않았다. 또 숙취 해소에는 양배추의 효능이 잘 알려져 있었다.

이와 비교하여 북방의 켈트인이나 게르만인은 기후가 포도 재배에 적합하지 않다는 이유도 있었기 때문인지 보리가 원료인 맥주를 선호했다.

대량 생산에 공헌한 것은 수도원

요즘처럼 맥주 문화가 발전하는 데에 공헌한 것은 게르만인이다. 풍미를 갖추게 하고 부패를 막는다는 이유에서 그들이 맥주에 홉을 사용하게 된 것은 8세기 무렵부터라고 알려져 있다. 홉의 사용 이후 맥주의 품질은 눈에 띄게 향상됐다.

독일 등 유럽 북부에서는 처음에 농민들이 집에서 맥주를 만들었지만, 9세기 초에 칼 대제가 가톨릭 교회를 원조해 서로마 제국을 부흥시키면서 수도원에서 맥주를 만드는 것이 성황을 누리게 된다. 맥주의 수요가 증가함에 따라 농민들로부터 보리 등의 잉여 농산물을 공양받는 수도원은, 한 번에 많은 맥주를 제조하는 데에 가장 적합한 환경을 갖추고 있었기 때문이다. 그리고 수도원 맥주 제1호는 스위스의 생트가렌 수도원에서 820년에 만든 것이었다.

독일에서는 오래전부터 계급 차별이나 남녀 차별 없이 자유롭게 모여 맥주를 즐기는 풍습이 정착돼 있었다. 그 때문에 칼 대제는 음주 문화에 지나치게 빠지는 국민을 억제한다는 목적으로, 원고나 증인은 술을 마신 상태에서 법정에 설 수 없도록 금지시키고 영주들도 술을 마신 상태에서는 재판을 할 권한이 없다는 포고령을 냈다. 동시에 술에 취한 병사는 깊이 반성하게 한 뒤에 공식적으로 용서를 빌 때까지 물 이외의 음료를 제공하지 않는다는 엄격한 명령도 내려졌다고 한다.

하지만 이런 포고령이나 명령도 그다지 효과를 거두지 못한 듯, 결국에는 술에 취했다는 이유만으로 플로린 금화 한 개를 벌금으로 내거나, 사흘 밤낮을 감옥에 가둔다는 엄격한 형벌이 가해졌다. 그래도 술에 취해 비틀거리는 현상은 끊이지 않았다고 하니까, 예나 지금이나 음주를 단속하는 것은 매우 어려운 일인가 보다.

중세 독일의 맥주 매너는?

지나친 음주 문화는 계속됐지만 중세 독일의 음주에 대한 매너는 꽤 복잡해서 술을 마시는 사람들은 나름대로의 매너를 갖추고 있었던 듯하다.

예를 들면 귀족은 상인과 함께 술을 마실 수 없었지만 학생과는 마실 수 있었다. 또 젊은 아가씨가 성실한 청년과 건전한 상태에서 술을 마시는 것은 공식적으로 인정받았지만 부정한 남자와 마신 경우에는 혹독한 비난을 받았다. 설사 그런 남자인 줄 모르고 마셨다 해도 마찬가지였다.

한편 건배에도 여러 가지 규정이 있었다. 원래는 그 자리에 참석하지 않은 인물에게 바치는 것이 건배의 의미였지만, 가끔 그 사람의 애인이 동석한 경우에만 예외로 그녀에게 건배를 바칠 수 있었다고 한다.

건배는 술잔 가득 술을 채워 단번에 마시는 것이 예의다. 또 마신 다음에는 술잔을 뒤집어 손잡이 부분에 엄지손가락을 걸쳐서 빙글빙글 돌려 한 방울도 남지 않았다는 사실을 증명해 보였다고 한다. 이런 치기 어린 풍습은 수백 년 동안 이어졌다.

술을 마시는 도중에 새로운 손님을 맞이하면 인사를 겸해 그 자리에 있던 모든 사람들이 술을 권했다. 이렇게 권하는 술을 거부하면 죽음까지 의미하는 규칙 위반으로 간주해 유혈 사건도 자주 발생했다.

또 재미있는 점은 새로 가담한 손님이 동석한 사람들과 뜻이 맞지 않거나, 술잔을 단숨에 비울 수 없는 경우에는 옆자리에 앉아 있는 젊은 여성에게 도움을 청할 수 있었다. 그녀는 그 술을 대신 마실 수 있었다고 한다.

권주의 예의는 이처럼 터무니없는 이론이 통하고 있었는데, 유서 깊은 가문에서 태어난 '도련님'은 술잔 가득 채워진 맥주를 단숨에 비우기 위해 그야말로 한심한 노력을 기울였다. 어쨌든

맥주의 1인당 연간 소비량(1999년 통계)

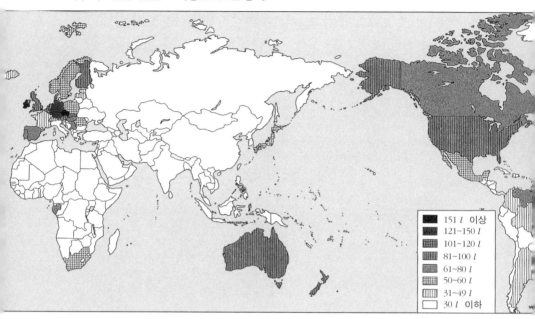

151 *l* 이상
121~150 *l*
101~120 *l*
81~100 *l*
61~80 *l*
50~60 *l*
31~49 *l*
30 *l* 이하

세례식이나 장례식을 비롯해 집회, 경기, 상담 등 술은 모든 의
식이나 사교에 빼놓을 수 없는 윤활유(지금도 그렇지만)였고, 사
람들 대부분은 알코올에 강해질 수 있도록 진지하게 노력을 기
울였다고 한다.

  16세기경에는 도시의 부르주아 층에 의해 본격적인 맥주 생산
이 시작돼, 이제는 끊고 싶어도 끊을 수 없는 멋진 알코올 음료
가 되었다.

  1516년에는 바이에른 공국의 빌헬름 4세가 보리 맥아, 홉, 효
모, 물 이외의 재료로는 맥주를 만들 수 없다는 '맥주 순수령'이
라는 법률을 제정했다. 이것은 식품 관리와 관련해 규정된 세계

최초의 법률이다. 그런데도 18세기 전후까지는 서민이나 가난한 사람들이 마시는 천한 음료라는 묘한 편견이 뿌리 깊이 남아 있었다고 한다.

3

'음식에 대한 금기'가 성립된 진상

육식 금기의 탄생 배경

원래 종교와 아무런 관계가 없는 음식에 대한 금기

인류는 불을 발명하면서 육식을 즐겼다고 한다. 그러나 오랜 세월에 걸친 식생활 습관을 살펴보면, 식물성 음식에 대한 금기는 거의 볼 수 없지만 육식에 대해서는 세계 각지에서 다양한 편견과 금기가 존재한다는 사실을 알 수 있다.

이것은 인종이나 문화에 의한 미각의 차이나 조리 방법의 차이라기보다, 동물의 생명을 빼앗아 그 고기를 먹는다는 데에 대한 감정적인 요인에 의한 것이라고 여겨진다. 나중에는 그것들이 종교적인 금기로 체계화된 경우도 적지 않은데, 대표적인 예로 힌두교의 소나 이슬람교의 돼지를 들 수 있다.

하지만 완전한 채식주의를 주장하는 경우는 없었다.

세계적 규모의 종교를 보더라도 신자에게 채식을 강요하거나 식사에 달걀이나 육류를 사용하는 것을 전면적으로 금지한 종교는 하나도 없다. 살생을 금지하는 불교에서조차도 자신의 손으로 살해해 먹지 않는 한 특별히 금지하지는 않는다. 교리 실천이 엄격한 동남아시아나 스리랑카 등의 불교도들도, 극단적으로 경건한 극소수의 승려를 제외하면 일반인과 마찬가지로 육류나 생선을 먹는다.

단 인도의 자이나교나 예수 재림 교리를 중시하는 세븐스 데이 애드벤티스트(sevens day adventist) 등의 소규모 종교에서는 원칙적으로 육식을 금지하고 있다. 특히 자이나교는 불살생(不殺生)을 엄수하는 것을 매우 중시하여, 육식은 물론이고 어떤 경우에도 생물을 죽이거나 상처를 입히지 말아야 한다고 가르치고 있다. 수도승은 공기 속을 날아다니는 작은 곤충류를 자기도 모르게 삼키는 것을 방지하기 위해 마스크로 코와 입을 가리고, 발밑의 생물(대부분 개미이지만)을 밟지 않기 위해 빗자루로 쓸면서 걸어다닐 정도로 철저하다.

합리적인 이유에서 탄생한 육식 금지령

그러나 모든 육류를 거부하는 이른바 육식 금기를 실행하고 있는 사람은 세계 전체 인구의 1퍼센트에도 미치지 못한다.

나아가 달걀이나 유제품조차도 입에 대지 않는 완벽한 채식주

의자는 그 10분의 1도 되지 않는다. 즉 전세계 사람들 대부분은 육식에 대한 저항감이 없는 것은 물론이고 오히려 즐기고 있는 것이 실태다.

그런데도 왜 육식 금기가 존재하는 것일까?

원래 아무도 관심을 보이지 않는 음식물이라면 굳이 금기시할 이유는 없다. 먹어서는 안 된다는 금기가 설정된 데에는 식용할 경우에 맛이 있는 음식인 경우가 압도적으로 많다. 소, 돼지 등이 그렇다.

종교적인 배경이 금기를 만들어냈다는 설도 있지만, 굳이 종교까지 내세우는 이유는 앞에서 설명한 것처럼 그 대상물을 먹지 못하게 하기 위한 일종의 방편이라고 말할 수 있다.

그렇다면 왜 하필 그 음식(여기에서는 육류)을 먹지 못하게 만든 것일까?

미국의 문화인류학자인 마빈 해리스는 공리주의를 바탕으로 이 점을 설명하려 했다.

어떤 집단이나 민족에게 있어서 육식은 어떤 유용성을 가지고 있는가, 조달 비용과 이익이 어느 정도나 합치되는가 하는 판단을 근거로 금기가 이루어진다는 것이다. 수많은 사람들을 먹여 살리려면 그 음식물이 적은 비용으로 큰 이익을 올릴 수 있는가(칼로리 값) 없는가 하는 것이 가장 큰 관심이 될 수밖에 없다.

즉 해리스에 의하면 비용 대 효과가 비슷한 음식물의 재배나 사육은 장려되지만, 그렇지 않은 경우에는 쓸데없이 비용과 노력을 투입하지 않도록 '금기'라는 낙인을 찍게 된다는 것이다.

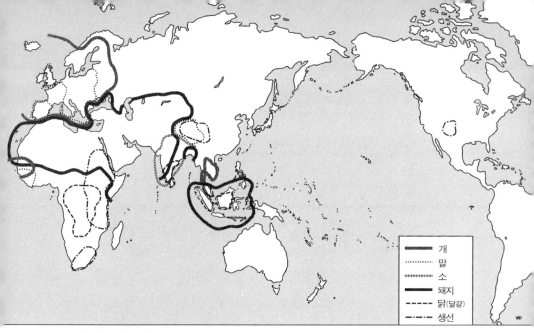

개
말
소
돼지
닭(달걀)
생선

세계의 주요 금기식(禁忌食)

　　예를 들어 이슬람교에서 돼지고기가 금기로 여겨지게 된 이유
는, 아무리 고기가 맛있어도 고온 건조한 중동 지역에서 돼지를
사육하는 것은 사회 전체로 볼 때 이익을 안겨주는 가축에 해당
되지 않았기 때문이라고 말할 수 있다. 이렇게 해서 중동에서 돼
지는 금기의 대상이 됐다는 것이다.

사람들이 선호하는 육류의 종류와 그 순위

　　어떤 지역에서 특정 육류가 편견의 대상이 되거나 금기의 대
상이 되는 이유는 이처럼 사육 자체에 문제가 있기 때문이라고
생각할 수 있다. 그 결과 식용으로서 당연하다는 듯 선호를 받는
육류와 그렇지 않은 육류의 우열이 매겨진다.

예를 들면 인도의 힌두교도들은(금식의 대상인 소는 제쳐두고) 일반적으로 염소, 양, 닭, 돼지, 말의 순서로 선호한다. 그런데 이슬람교도들은(금식의 대상인 돼지는 제쳐두고) 양, 염소, 닭, 소의 순서가 된다. 그리고 중국에서는 '버릴 것이 없는 최상의 고기'로 불리는 돼지가 1위를 차지하고 양, 닭, 소의 순서가 매겨진다. 또 유럽이나 일본에서는 소, 돼지, 닭, 양, 염소의 순서다.

그런데 불교에 의한 불살생의 사상이 침투해 있는 불교국가와 달리 유럽인은 예로부터 육식을 즐기는 인종이라는 이미지가 고정되어 있다. 크리스트교를 도입한 유럽에서는 신이 인간의 식용으로 삼기 위해 동물을 만들었다는 사상이 정착되어 있어, 동물을 죽여서 먹는 데에 아무런 저항을 느끼지 않았기 때문이다.

단 돼지나 양은 어찌됐든 소의 경우에는 농사를 지을 때에 많은 도움을 주는 동물이기 때문에 18세기 말까지는 육식을 위해 죽이면 혹독한 처벌을 받았다. 쇠고기가 일반 가정의 식탁에 오르게 된 것은 19세기 중반으로, 곡류의 대량생산 체제가 확립되고 사료도 목초에서 곡물로 바뀌면서 2년 주기로 쇠고기를 얻을 수 있게 된 이후다.

또 20세기 초에 냉동기술이 보급될 때까지 유럽인들은 부드러운 비프 스테이크는 맛볼 수 없었다. 그때까지의 서민들은 소금에 절인 고기, 건조시킨 고기, 기껏해야 썩기 시작하는 고기를 먹었다고 하니까 식생활은 매우 빈약했다고 말할 수 있다.

이슬람교는 왜 돼지고기를 금지시켰는가?

『코란』에서 '더러운 동물'로 다뤄진 돼지

세계 각지에서 특별한 이유도 없이 편견이나 금기의 대상이 된 육류는 적지 않은데, 돼지고기가 그 선두에 해당하는 동물일 것이다. 아랍이나 유태인 세계인 서아시아에서는 지금도 식용을 엄격히 금지하고 있다.

예를 들면 엄격한 이슬람교도의 경우에는 돼지고기가 냄비나 식칼 등의 조리기구에 닿았을지도 모른다는 가능성에, 일반 레스토랑을 회피하고 일부러 이슬람교도 전용 레스토랑에서 식사할 정도로 철저하다.

이슬람의 계율이 비교적 너그러운 인도네시아에서도 일제 조미료에 돼지의 성분을 사용했다는 사실이 밝혀지자 관계자를 체

포하는 사건으로까지 발전한 일이 있었다. 제품이 된 시점에서
는 돼지의 성분은 소멸된 상태이지만 아무리 변명해도 이슬람교
에서 식용을 금지하는 음식에 해당한다는 것이었다.

그러나 왜 그렇게까지 돼지를 기피하냐고 질문을 던지면 당사
자인 유대교도나 이슬람교도 자신도 명쾌한 해답을 제시하지 못
한다. 단순히 생리적인 반발, 즉 먹기 싫은 것이다.

『코란』 제5장 「식탁의 장」에는 이런 내용이 실려 있다.

죽은 동물의 고기, 피, 돼지고기는 알라가 아닌 다른 사악한 신들에게
바쳐지는 제물이다. 그리고 목이 졸려 죽은 동물, 맞아 죽은 동물, 추
락사한 동물, 뿔에 받혀 죽은 동물, 맹수에게 물려 죽은 동물은 더러운
동물이다. 따라서 이런 동물의 고기는 먹지 말아야 한다.

돼지고기를 금지하는 이슬람교도의 분포도

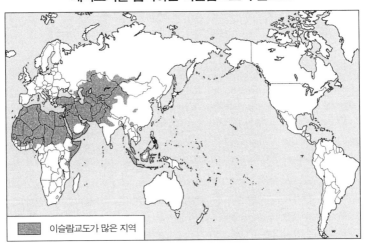

이슬람교도가 많은 지역

제 6장 「가축의 장」에도 이런 내용이 실려 있다.

죽은 동물의 고기, 동물의 몸에서 흘러나온 피, 돼지고기는 더러운 것이다.

이슬람교도가 돼지고기를 싫어하는 가장 큰 이유는 이런 계율 때문이다.

참고로 이슬람 세계에서는 금기의 대상인 육류는 '하람'이라고 부르며 반대로 식용할 수 있는 육류는 '하랄'이라고 부른다.

돼지가 불결하고 지저분하다는 평가를 받게 된 이유

유대교의 성전인 『구약성서』의 「레위기」와 「신명기」에도 전지 전능한 주 야훼(Yahweh: 야웨, 여호와)는 육식에 대한 금기를 꼼꼼하게 지시하고 있는데, 수많은 동물들 중에서 합격점을 받으려면 발굽이 갈라져 있을 것, 발굽이 둘로 나뉘어 있을 것, 되새김질할 것이라는 조건을 충족시켜야 한다. 그러나 돼지는 발굽이 확실하게 둘로 갈라져 있지만, 되새김질하지 않는다는 이유에서 불결한 동물로 금기의 대상이 돼버렸다.

유대교를 모체로 삼는 이슬람교는 『구약성서』의 가르침 일부를 수용하기 때문에 출처는 비슷하다고 생각할 수 있다. 이런 배경을 통해서 '금돈(禁豚: 돼지를 금기하는 것)' 습관은 종교에 뿌리를 둔 것이라고 생각할 수 있다.

그렇다면 무엇 때문에 야훼나 마호메트는 돼지고기를 먹지 못하게 한 것일까?

돼지는 인분을 포함한 모든 것들을 닥치는 대로 먹어치우는 대식가로 몸이 비대하고 느릴 뿐 아니라, 발정기가 21일 주기로 돌아와 1년 내내 사람과 마찬가지로 강렬한 성욕을 과시하는 습성을 가지고 있다는 점이 불결한 동물이라는 이미지를 안겨준다. 또한 뚱뚱하게 살찐 모습은 아무리 좋게 보려고 해도 스마트한 모습과는 거리가 멀다.

"돼지 같은 녀석!"

이 말은 욕심쟁이나 비만인에 대한 욕의 대명사가 되어 있을 정도이니까, 원래 금욕적인 이슬람교나 유대교와는 어울릴 수 없는 가축으로서 일찌감치 낙인이 찍혀버린 것인지도 모른다.

사실 현재의 이슬람 법학자들 대부분은 다음과 같은 해석을 내리는 경향이 강하다.

"알라가 돼지고기를 금지한 가장 큰 이유는 그 지저분한 습성과 음식물이 매우 불결하다는 돼지의 생태 때문이다."

그러나 사실 돼지는 깨끗한 것을 좋아하는 동물로 알려져 있으며, 사람들에게 지저분한 인상을 주는 이유는 사육하는 쪽에 문제가 있기 때문이다. 분뇨를 먹는다는 이유도 이제는 설득력을 잃었다. 좋아서 먹는 것이 아니기 때문이다. 경우에 따라서는 닭, 염소, 토끼, 개도 분뇨를 먹는 습성이 있으니까 돼지에게도 변명의 여지는 주어야 한다.

한편 소나 염소는 젖을 비롯한 유제품을, 양은 고품질의 섬유를, 닭은 달걀을 제공하는 식으로 고기만을 제공하는 것이 아니라 다양한 부산물을 제공해주는 가축이지만, 돼지는 농사에도 도움이 되지 않을 뿐 아니라 털도 섬유로 이용하기에는 적합하지 않다. 결국 고기 이외에 이용할 수 있는 가치가 전혀 없다는 점에서 차별의 대상이 되었을 것이라는 소수파의 의견도 있다.

고온 건조한 환경에서는 식용으로 적합하지 않은 돼지

이런 습성론을 대신하는 것이 음식 위생과 생태환경이라는 점에서 해석하려는 시도였는데 요약하면 다음과 같다.

1. 중동처럼 덥고 건조한 지역의 경우 돼지고기는 부패하기 쉽기 때문에 이것을 잘못 먹으면 식중독에 걸릴 확률이 높다.
2. 불결한 음식물을 섭취하는 돼지는 질병에 감염되어 있을 위험성이 매우 높다.
3. 쉬지 않고 이동해야 하는 유목생활이 중심인 중동에서는 정착성이 있는 가축인 돼지는 생태환경에 적합하지 않다.

이런 점들을 생각한 고대 오리엔트인들이 생활을 합리적으로 운영하는 지혜로서 신의 계시라는 건전성을 차용해 돼지고기 식용을 금지시켰다는 것이다.

그럴듯한 추론이다. 특히 생태환경에 적합하지 않다는 점은 중동의 경우에는 잘 들어맞아 '금돈'의 복선으로서 작용했을 가능성도 충분히 생각할 수 있다.

돼지의 선조는 적당한 습도와 수량이 풍부한 강가를 생활터전으로 삼았기 때문에, 돼지의 체온 조절 시스템이 고온 건조한 장소에서의 생활에는 적합하지 않다는 것만큼은 분명한 사실이다. 돼지는 땀샘이 거의 없어서 스스로 체온을 조절할 수 있는 능력이 없다. 돼지가 진흙탕을 뒹구는 광경을 자주 볼 수 있는데, 이것은 땀을 흘리지 못하는 돼지가 체온을 식히기 위해 생리적으로 보여주는 동작이다.

따라서 중동에서 양돈업을 운영하려면 통풍이 좋은 장소를 선택해 직사광선을 차단할 수 있는 그늘과 물을 저장할 수 있는 땅을 인공적으로 만들어야 할 필요가 있다. 그럴 경우 사육 비용이 엄청나게 들어간다.

이것은 중동에만 해당하는 이야기가 아니라, 건조한 지역에서 생활하는 모든 유목민에게 적용시킬 수 있는 법칙이라고 말할 수 있다.

편견에 박차를 가한 돼지의 '애매함'이란?

하지만 이런 환경 조건만이 오랜 세월 동안 돼지가 지저분한 동물로 여겨져온 근거라고 보기는 어렵다.

고대 오리엔트 지방에서는 기원전 10세기 무렵까지 아무런 저항 없이 돼지고기를 먹었다는 사실이, 각지의 유적에서 대량의 돼지 뼈가 발굴되면서 밝혀졌기 때문이다. 따라서 환경론과 동시에 또 한 가지 이유가 있었을 것이라는 의문이 든다.

여러 가지 설이 난무하는 가운데 최근에는 고대 유태인의 이원론적인 세계관에 근거한 '육식 불가 분류법'이 유력한 설로 부각되고 있다.

이 점에 대해서는 앞에서도 잠깐 소개했다. 쉽게 설명하자면 자기들의 경험을 통해서 볼 때 먹어도 문제가 없는 동물과 그렇지 않은 동물을 구별해놓으면, 식생활의 안전을 도모할 수 있는 기준이 될 뿐 아니라, 고기를 얻기 위해 가축화하는 판단 기준도 될 수 있다는 이유에서 생각해낸 일종의 ○×방법이다.

이 법칙에 의해 초식동물은 OK이지만 육식동물을 NO라는 단순한 도식이 정착됐다. 하지만 잡식성이라는 애매한 양면성을 가진 동물, 특히 돼지는 어느 쪽에 포함시켜야 할지 판단을 내리기 어려운 정체 불명의 동물로 여겨지지 않았을까?

게다가 한쪽에서는 건조한 지역인 중동의 환경에는 적합하지 않고, 사육하려면 많은 일손과 비용이 들어가는 성가신 존재라는 취급을 받으면서 점차 강한 편견과 혐오의 대상이 된 듯하다. 그러나 원래 돼지는 중동에서 중요한 목축업의 대상이 될 수는 없었기 때문에 설사 그것이 금기의 대상이 되지 않았다 해도, 식생활 면이나 경제적인 면에서 큰 마이너스 요인이 되지는 않았을 것이다.

힌두교는 왜 소를 신성시하는가?

3억 3천만의 신이 깃들어 있는 동물

종교에는 금기가 존재하게 마련이다. 특히 유명한 것은 이슬람교나 유대교의 돼지와 어깨를 나란히 하는 힌두교의 소에 대한 금식이다. 그러나 지저분하고 부정한 동물로서 금기의 대상이 된 돼지에 비해 소는 청결하고 신성한 동물이라는 이유에서 금식의 대상이 됐다. 그런 의미에서는 좋은 대조를 보인다.

일찍이 중앙아시아의 유목민이던 아리아인에게 있어서 소는 노역의 대상이었고, 우유나 버터를 공급하는 원천이었으며, 쇠똥은 비료와 연료로 사용할 수 있는 귀중한 자원이었다. 따라서 소는 그들의 생존에 빼놓을 수 없는 귀중한 존재라는 이유에서 숭배의 대상이 돼왔다. 힌두교의 신학자에 의하면 소에는 3억 3

천만의 신이 깃들어 있다고 한다.

수소는 링가(linga: 남근, 음경)와 함께 시바 신앙의 상징이고 암소는 크리슈나 신의 시종이라는 이유에서 지금도 소를 죽이는 행위는 어머니를 살해하는 행위보다 더 무거운 죄로 여겨지고 있다. 따라서 힌두교도에게 있어서 소는 숭배해야 할 성스런 동물이고 식용으로 이용한다는 괘씸한 발상은 있을 수도 없다.

인도에서는 겉보기에도 사육하는 주인이 없어 보이는 늙은 소가 거리를 어슬렁거리는 광경을 흔히 볼 수 있는데, 신의 시종을 함부로 대할 수 없다는 이유에서 힌두교도들은 즉시 비켜서서 소에게 길을 양보한다.

그뿐 아니라 크리슈나에게 제사를 지내는 시기에는 소 떼가 완전히 지나갈 때까지 사람들은 무릎을 꿇고 기다리면서 방금 배설한 쇠똥을 이마에 발라 은혜를 입기를 기원한다고 한다. 수도승은 소를 돌보는 것 자체가 신앙의 증거이며, 어떤 가정에서든 소를 사육하는 것으로 종교적인 기쁨을 얻을 수 있다고 설법한다.

1996년에는 햄버거 판매점인 맥도널드가 인도에도 진출했는데, 물론 쇠고기는 전혀 사용하지 않고 심리적으로 저항감이 없는 양고기인 '마하라쟈마크'를 비롯한 물소고기, 닭고기 등으로 대용했다. 그 결과 장사진을 이룰 정도로 큰 인기를 모았다고 한다. 같은 소이면서도 물소는 죽음의 신 야마가 타고 다니는 동물로 여겨져 죽이든 먹든 힌두교도들 사이에서도 별문제가 되지 않는다.

아리아인의 이동과 소의 관계

한편 돼지에 대해서는 강렬한 거부반응을 보이는 이슬람교도들은 소에 대해서는 식용을 하는 데에 아무런 저항감이나 죄책감을 보이지 않는다. 소는 맛있는 쇠고기를 제공하기 위해 존재한다는 식으로 그들 사이에서는 밀도살이 끊이지 않는다고 한다. '신의 시종'이 몰래 처분되는 건수가 급증하는 데에 놀란 힌두교 단체는, 최근 들어 소들의 양로원이라고 말할 수 있는 '늙은 소의 집'이라는 시설을 각지에 설치하며 보호 정책에 나서고 있을 정도다.

이처럼 소에 대한 가치관의 차이 때문에 이슬람교도와 힌두교도들은 수백 년에 걸쳐 대립해왔다.

"소를 신처럼 받드는 어리석은 행동을 버려라!"

"돼지는 먹지도 못하는 주제에 성스런 소를 잡아먹는 야만인!"

이런 식으로 서로 대립을 되풀이해왔는데, 그렇다면 힌두교도는 왜 이렇게까지 소를 신성시하는 것일까?

앞에서 설명했듯 과거에는 유목민이던 아리아인은 기원전 1500년경에 북인도로 침입했는데, 그 당시에는 소를 식용하는 데에 아무런 금기가 없었다. 아니, 오히려 종교적인 행사에는 반드시 제물로 바쳐졌다고 한다. 기원전 1000년경의 북인도에서는 가장 선호한 음식이 쇠고기였다고 전해지고 있다.

그 후 인도라는 고온 다습한 기후조건에 맞춰 아리아인의 생

산형태는 유목 이동형에서 농경 정착형으로 바뀌어갔다. 그러나
정착에 의해 인구가 급증하기는 했지만 그들이 먹어야 하는 음
식재료를 생산하려면 더 많은 농지가 필요했다. 따라서 초원과
삼림이 점차 농경지로 바뀌었고 상대적으로 소의 사료는 줄어들
수밖에 없었다.

　그러자 사람들은 수지를 맞춘다는 입장에서 다음과 같은 결론
을 내렸다.

아리아인의 이동 경로

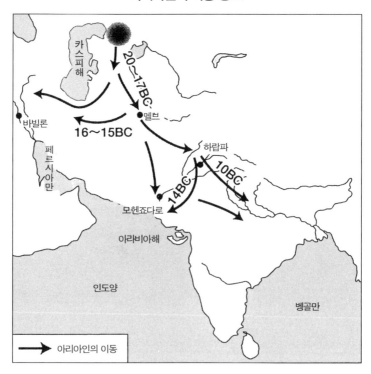

"쇠고기를 얻기 위해 드넓은 방목지를 확보해 소에게 곡물 사료를 제공하는 것보다는, 토지의 1차 생산품인 곡물을 직접 수확해 먹는 쪽이 훨씬 더 효율적이다."

나아가 북인도 같은 단단한 땅을 경작하려면 수소는 빼놓을 수 없는 귀중한 노동력이었고, 암소는 우유나 버터 등의 유제품을 제공해주는 에너지원이기도 하다. 게다가 쇠똥은 연료로 이용할 수도 있다. 그야말로 귀중한 이런 가축을 일부러 죽여 식용하는 것은 무의미한 행위라는 결론을 내린 것이다.

사실 다른 지역을 보더라도 정착생활을 하는 농경민족은 가축을 함부로 식용하지 않았다.

가축으로 사육하면서 활용하는 쪽이 죽여서 식용하는 것보다 몇 배나 더 이익이라는 사실을 경험을 통해서 잘 알고 있었기 때문이다.

불교의 불살생이라는 가르침이 계기

이런 배경에서 힌두교도들 사이에서는 점차 소는 사람들의 생활과 깊은 관련이 있는 소중한 가축이라는 인식이 확산되게 되었다. 나아가 그 몸 안에는 수많은 신들이 깃들어 있다는 해석이 배경으로 작용하면서 단순한 가축이던 소는 신성한 성우(聖牛)로 전환되기 시작했다. 하지만 지배자 계급 등 일부 계층에서는 여전히 소를 종교적인 이유로 살해하거나 식용하는 습관을 버리지 않았다.

기원전 5세기 전후에 석가모니에 의해 불교가 성립됐는데, 세계 최초로 '불살생'이라는 계율을 주장한 이 종교는 동물이든 인간이든 살생을 하지 말아야 한다고 강조하면서 동물을 제물로 바치거나 동물을 죽이는 자를 맹렬히 비난했다. 그리고 이런 사고방식은 소를 신성시하고 있던 힌두교에 큰 영향을 끼치게 된다. 물론 불교는 쇠고기를 먹는 행위 자체를 악행이라고 설법한 것은 아니다. 오히려 동물 살해에 직접 관여하지만 않는다면 육식에는 너그러운 편이었고, 석가모니 자신도 세상을 뜰 때까지 육식을 했다고 한다.

그러나 살생을 금지하는 불교의 가르침은 가난한 농민들의 공감을 얻었다. 음식이 궁핍한 상태에서도 농사 짓는 데 필요한 소를 잡아먹는다는 것은 꿈도 꾸지 못했던 농민들은, 여전히 쇠고기를 식용하는 지배자들에 대해 강한 반감을 느꼈다.

기원전 2세기경의 인도에서는 쇠고기를 먹지 않는 습관이 꽤 침투해 있었던 듯하다. 같은 시기에 편찬된 생활 전반에 걸친 규범을 기록한 『마누 법전』에는 소를 중심으로 하는 육식 금지에 관한 다음과 같은 기록이 있다.

육류는 생물의 목숨을 빼앗지 않고는 절대로 얻을 수 없다. 그러나 생물의 목숨을 빼앗는 행위는 천계(天界)의 복지에 거슬리는 행위다. 따라서 육류를 식용하지 말아야 한다.

이것이 나중에 불교의 불살생 계율을 도입한 힌두교에 영향을
끼쳐, '신은 육식을 하지 않는다. 따라서 육류를 제물로 바치는
것은 의미가 없다'라는 논법을 내세워 대중들에게 큰 지지를 얻
으면서 5세기경에는 힌두교 교리의 하나로 정착됐다. 오늘날의
소에 대한 금기는 이렇게 해서 생긴 것이라고 한다.

유대교의 이해할 수 없는 식생활 규범

『구약성서』에 기록되어 있는 규칙

세계에는 다양한 금기가 있다. 유대교도 예외는 아니어서 여기에는 매우 흥미 깊은 금기 사항이 있는데, 그 제약을 위배하면 신을 모독하는 행위로 여겨진다.

유대교의 제약은 어떤 동물의 고기를 먹을 수 있는가 하는 것을 구체적으로 선별해놓은 것으로, 이런 식생활 규범을 '코셰르(kosher)'라고 부르며 히브리어의 '적정한'이라는 뜻의 '카슈루트'가 그 어원이라고 한다. 엄격한 계율인 코셰르는 주 야훼에 의해 정해진 약속 사항으로서 『구약성서』의 「레위기」 제 11장에 다음과 같은 내용이 기록돼 있다.

짐승 중에서 발굽이 갈라진 것, 즉 발굽이 완벽하게 갈라진 것, 되새김질하는 것은 먹을 수 있다. 단 되새김질하는 것, 또는 발굽이 갈라진 것 중에서 낙타·너구리·토끼 등은 되새김질은 하지만 발굽이 갈라져 있지 않기 때문에 너희에게는 불결한 것이고, 돼지는 발굽은 갈라져 있지만 되새김질을 하지 않기 때문에 너희에게는 불결한 것이다.

이 이후에 물고기, 새, 곤충 등 각 분야마다 목록이 만들어져 있는데, 그 내용은 제쳐두고 여기에서는 동물에 대해서만 다뤄보자. 「레위기」나 「신명기」에 의하면 먹어도 되는 고기는 발굽이 갈라지고 되새김질을 하는 소, 양, 염소 등으로 그 이외에 발굽이 갈라져 있지 않은 토끼, 말, 낙타, 발굽은 갈라져 있지만 되새김질을 하지 않는 돼지, 발바닥으로 걸어다니는 고양이나 여우 등은 먹지 말아야 하는 대상에 속한다.

왜 먹을 수 있는 대상과 먹을 수 없는 대상으로 나눴는가?

야훼는 왜 먹을 수 있는 대상과 먹을 수 없는 대상으로 일일이 분류한 것일까?

그리고 그것은 어떤 기준으로 양분된 것일까?

문화인류학자인 마빈 해리스는 다음과 같이 해석한다.

먹어도 되는 동물을 정리하면 발굽이 갈라져 있으면서 되새김질하는 포유류다. 나아가 그들이 섭취하는 재료가 인간과 경합을 벌이게 되는 재료가 아니며, 대부분의 경우 무리를 이루어 서식하기 때문에 관리를 통한 가축화가 용이하고 젖을 얻을 수 있는 점을 들 수 있다.

되새김질하는 포유류는 모두 초식동물인데 이들은 인간이 식용하기에는 적합하지 않은 섬유질이 단단한 식물, 예를 들면 풀, 짚, 그루터기, 나뭇잎 등을 먹고 산다. 사육할 경우에는 인간에게 매우 소중한 곡물류를 줄 필요가 없을 뿐 아니라 고기, 젖, 가죽을 제공해주며 농사에도 이용할 수 있다. 이런 특성은 식용으로 삼는 경우에 매우 중요한 기준이 된다. 왜냐하면 고기를 얻기 위해 가축화하기 쉽다는 점, 바꿔 말하면 잡식이나 육식을 하는 동물과 비교하면 원가가 거의 들지 않기 때문이다.

이것이 발굽이 갈라지고 되새김질하는 동물은 식용해도 된다는 가장 큰 이유라고 여겨진다. 그렇다면 발굽이 갈라져 있지 않은 동물은 어째서 식용에 적합하지 않을까? 식용할 수 있는 동물의 조건은 되새김질 여부만으로도 충분하고 발굽은 그다지 중요하지 않았던 것이 아닐까?

하지만 그런 조건이 새롭게 첨가된 이유는 낙타를 식용할 수 있는 그룹에서 제외하기 위한 목적 때문이었을 것이라는 견해가 있다. 정착생활을 하는 농경민족인 유태인은 낙타를 거의 이용하지 않고 그 대신 소나 양 등을 이용했다. 낙타는 번식이 매우 느리고 새끼도 한 마리밖에 낳지 않으며 수유기간도 1년 가까이 걸리는 등 식용의 대상으로 삼기에는 효율성이 매우 떨어진다.

되새김질하는 것만을 조건으로 삼지 않고 보다 복잡한 조건들

『구약성서』에 소개된 식용의 대상과 그렇지 못한 대상의 목록

	식용해도 되는 것	식용하지 말아야 하는 것
포유류	- 발굽이 갈라져 있고 되새김질 하는 동물(소, 양, 염소, 사슴, 영양, 고라니, 산양 등)	- 되새김질만 하거나 발굽만 갈라져 있는 동물(낙타, 너구리, 멧돼지, 토끼 등) - 되새김질을 하지 않고 발굽도 갈라져 있지 않은 동물(말, 당나귀) - 네 개의 다리로 걸어다니지만 발바닥으로 걷는 야생의 동물(고양이, 사자, 여우, 늑대 등)
어패류	- 바다에 살든 깅에 살든 지느러미와 비늘이 있는 물고기	- 지느러미와 비늘이 없는 어패류(조개, 오징어, 문어, 뱀장어, 게, 바다뱀, 상어, 가오리, 거북이, 돌고래 등)
조류	- 깃털이 있어 하늘을 날 수 있으며 육식성이 아닌 조류(오리, 비둘기, 닭 등)	- 맹금류나 잡식성의 조류(대머리독수리, 물수리, 솔개, 매, 까마귀, 갈매기, 쏙독새, 올빼미, 가마우지, 펠리컨, 부엉이, 황새, 박쥐 등) - 깃털은 있지만 날지 못하는 조류(타조)
곤충류	- 날개와 네 개의 다리가 있고 그것들을 이용해 지상을 뛰어다니는 곤충(메뚜기류)	- 메뚜기류 이외의 모든 곤충
그 밖의 작은 동물		- 네 개의 다리로 지상을 기어다니는 것(두디지, 날다람쥐, 도마뱀류, 카멜레온 등)

을 제시해 금식하라는 설명을 한 이유는 이런 점에 있지 않았을까 하는 생각이 든다.

조리 방법과 도살 방법에서 금지하는 규정

코셰르는 앞의 도표 '『구약성서』에 소개되어 있는 식용의 대상과 그렇지 못한 대상의 목록'에 제시된 것처럼 동물 이외의 조류나 어패류에 대해서도 다루고 있다.

물고기의 경우에는 지느러미와 비늘이 있는 것만을 식용할 수 있다고 규정해 이것에 의해 오징어나 문어, 굴, 대합 등은 식용하지 말아야 할 대상으로 구분됐다. 새는 깃털이 있고 하늘을 날 수 있는 조류가 식용할 수 있는 대상, 반대로 독수리, 매, 까마귀 등은 금지 대상이 되어 있다. 금지 대상이 된 조류 대부분은 육식을 하는 맹금류나 잡식성 조류다.

곤충 중에서는 메뚜기가 식용 대상으로 분류됐다. 이것은 비교적 몸집이 크고 한 번에 많은 양을 잡을 수 있기 때문에 효율성이 좋다는 점에서 높은 평가를 받은 듯하다. 더구나 곡물을 해치는 곤충이기도 해 해충 구제라는 일석이조의 효과를 거둘 수 있다.

또 음식으로서의 재료 이외에 조리 방법이나 도살 방법에 대해서도 세밀한 규정이 있다.

조리 방법에서는 물고기를 제외한 육류와 유제품을 같은 솥이나 냄비로 끓여서는 안 된다는 규정이 있는데, 육류와 유제품은 모자 관계에 놓여 있다는 이유에서다. 따라서 쇠고기와 우유(또는 치즈나 버터)가 어떤 요리에 동시에 사용되는 경우는 절대로 없고, 육류 요리에 버터를 사용하거나 크림이 들어간 소스를 얹는 일도 없다. 우유를 마시면서 햄버거를 먹는 것은 있을 수 없는 행위다.

어쩔 수 없이 우유를 마시고 싶은 경우에는 쇠고기를 먹은 뒤에 6시간을 기다려야 한다. 반대로 유제품을 먹었을 경우에는 30분 동안은 쇠고기를 먹지 말아야 한다. 더구나 따로 조리하는 것이 원칙이기 때문에 쇠고기용과 치즈용 도마를 따로 준비해야 하는 식으로 그야말로 성가시기 짝이 없다.

경건한 유대교도인 경우에는 쇠고기와 우유를 같은 냉장고에 넣지 않고 음식 재료마다 사용하는 조리기구를 따로 준비한다. 우리의 입장에서는 귀찮게 생각할 수 있지만 사람에 따라서는 우유가 들어간 커피조차 마시지 않는다고 한다.

게르만족이 문어와 오징어를
먹지 않는 이유

'악마의 물고기'로 알려진 문어

　잡식동물로서 1위에 해당하는 생물이 바로 인간이다. 원숭이나 개는 말할 필요도 없고 개미와 바퀴벌레에서 애벌레나 구더기까지 맛있다는 사람도 있다. 게다가 흙이나 분뇨를 먹는 예도 보고되고 있다(물론 굶주린 상태에 놓인 경우이겠지만).

　하지만 제비집, 곰 발바닥, 원숭이 골 등은 중화요리에서는 최고급의 재료이고 성게, 해삼, 멍게 등을 먹는 우리도 유럽이나 미국인들의 입장에서 보면 이상한 음식을 즐기는 인간으로 비칠 수 있다. 인간의 엄청난 식욕에는 정말 놀라지 않을 수 없다.

　반대로 사람들 대부분이 일상적으로 먹는 음식인데도 불구하고 일부러 특정 음식물을 금기시하는 습관도 많이 엿볼 수 있다.

힌두교도들의 쇠고기, 이슬람교도와 유대교도들의 돼지고기는 종교적인 이유에서 기피하는 음식이다. 그중에는 티베트인, 아메리카 인디언의 나바호족, 아파치족, 동아프리카의 쿠시트계 민족처럼 어류는 일절 입에 대지 않는 민족도 적지 않다.

그런 면에서는 유럽 북부의 게르만족은 연체동물인 문어나 오징어를 먹지 않는다. 그중에서도 옥토퍼스(여덟 개의 다리)라는 이름이 붙은 문어는 별칭 데빌피시(악마의 물고기)로 불릴 정도로 기피 대상이다.

전설의 괴물 클라켄이란?

게르만족이 문어를 먹지 않는 이유 중의 하나로 크리스트교에 의한 종교적인 배경을 들 수 있다. 그 저변에는 크리스트교의 모체가 된 유대교의 '코셰르(식생활 규범)'에서 식용해서는 안 되는 부정한 대상을 말하는 '테레파'의 가르침이 깔려 있다.

유일신 야훼가 정했다고 알려져 있는 유대교의 음식에 대한 금기는 매우 복잡하고 광범위하다. 어류는 '지느러미와 비늘이 있는 수중 동물'이라고 규정하기 때문에 이 기준을 충족시키지 못하는 어패류는 모두 금기의 대상이 됐다. 구체적으로 설명하면 문어, 오징어, 게, 새우, 뱀장어, 가오리, 조개류, 그리고 당시에는 어류로 분류되어 있던 돌고래나 고래 등이 금기 대상에 포함되는데, 엄격한 유대교도는 지금도 이 규범을 충실하게 지켜 절대로 식용하지 않는다.

그러나 사실 크리스트교도들 사이에서는 유대교의 성전 『구약성서』의 음식에 대한 금기에 대해서는 예상 이상으로 불평이 많았다. 중동과는 다른 풍토와 다양한 동식물을 볼 수 있는 유럽에서는 풍부한 재료를 금지하려 해도 설득력을 가질 수 없었기 때문이다. 크리스트교도들은 어떻게든 이유를 붙여서 금식 대상에 포함되어 있는 재료들을 식용으로 이용했는데, 특히 게, 새우, 조개 등은 그 달콤한 맛이 선호돼 일찌감치 금기의 대상에서 제외됐다.

단 오징어와 문어에 대해서는 그 그로테스크한 생김새나 빨판에서 연상되는 기분 나쁜 이미지 때문에 나쁜 길로 유혹하는 자, 배신자, 거짓말쟁이 등 '색안경'을 끼고 바라보았던 것은 사실이다.

특히 독일이나 영국 등에서는 호색한 집념이 강하고 난폭한 동물이라는 통속적인 이미지가 강하게 부각됐다. 17세기 이후가 되면 노르웨이 앞 바다인 북극해 주변에 출몰하는 대형 문어나 대형 오징어의 모습을 한 '클라켄(kraken)'이라는 괴물로 전설화되기도 한다.

클라켄은 천지창조 때부터 세계가 종말을 맞이할 때까지 살아남는다는 키가 2.5킬로미터나 되는 거대한 괴물로, 긴 촉수를 사용해 배를 습격해 바다 밑으로 끌어들인다고 알려져 선원이나 어부들조차 그 존재를 두려워했다. 사실은 몸길이 10미터 정도의 대양 오징어가 그 정체였을 것이라고 추측되고 있다.

문어를 먹는 습관이 있는 지역

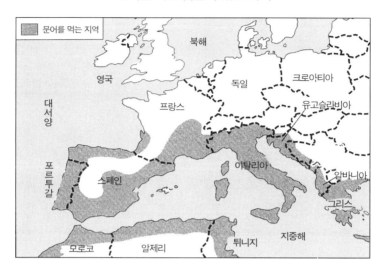

이처럼 유럽 북부 해역에서 실상이 왜곡된 것은 문어가 주로 온대에서 아열대의 따뜻한 바다에 서식하기 때문에 유럽 북부에 사는 사람들의 입장에서는 일상적으로 접할 수 없고 먹어볼 기회가 적었기 때문일 것이다.

금기와는 인연이 없는 남유럽

이렇게 해서 오랜 세월에 걸친 이유가 명확하지 않은 차별에 의해 문어와 오징어에 대한 게르만인의 금기 현상은 한층 더 심화됐다.

한편 크리스트교가 침투되기 이전부터 식용으로 친밀감을 가지고 있던 지중해 연안에서는 문어나 오징어가 예로부터 중요한 바다의 양식이었다. 지금도 스페인의 파엘라(paella) 등을 비롯해 포르투갈이나 그리스 등에서는 프라이나 숯불구이로서 식탁을 장식해 관광객들의 입맛을 충족시켜주고 있다. 그들은 자신들의 입맛을 매우 중요하게 생각해 개구리, 달팽이, 굴 등 언뜻 보아서는 쉽게 식용으로 사용하기 어려운 동물도 태연히 먹어왔다. 그중에서도 재료를 가리지 않고 닥치는 대로 입에 넣는 프랑스인을 영국인이나 독일인은 철저하게 경멸했다. 지금도 프랑스인을 욕하는 말 중에, '프로기(개구리 같은 녀석)', '조니 크라포(두꺼비 조니)'라는 말이 존재하는 것은 그런 이유 때문이다.

동양에서는 문어나 오징어가 두려움의 대상이 된 적은 역사적으로 없다. 오히려 지혜가 뛰어나고 인간에게 호의적인 동물로 그려져왔다.

일본의 경우 교토(京都)를 비롯한 각지에 있는 다코야쿠시(藥師)는 약사여래(藥師如來)가 문어를 타고 바다를 건너온 것이라는 전설이 있을 정도다. 문어 초무침이나 문어 구이, 오징어 국수 등의 감칠맛을 즐겨본 적이 없는 게르만인들은 음식에 있어서 불행한 인생을 보내고 있다는 생각이 든다.

음식과 건강을 둘러싼 속설의 과학적 분석

음양 사상이 낳은 '음식 궁합'

서로 다른 식품을 동시에 먹을 경우에 유해하다고 생각하는 것을 음식 궁합이 맞지 않는 것이라고 표현한다.

민물 장어와 매실 장아찌를 비롯해 튀김과 수박, 게와 얼음, 우동과 수박, 미꾸라지와 참마 등이 대표적이다. 실제로는 헤아릴 수 없을 정도로 많다.

음식은 대체로 따뜻한 음식, 차가운 음식, 소화가 잘 되지 않는 음식 등으로 나뉘는데 이러한 분류에서 비롯된 음식 궁합은 과학적으로 근거가 없기 때문에, 지금은 민간에서의 미신적 관습으로 여겨져 30대 이하의 계층에서는 음식의 궁합이 맞는다는 말 자체를 이해하지 못하는 사람들이 늘고 있다. 하지만 궁합이 맞지 않는 음식이라고 하면 아무래도 불안감이 느껴진다.

　음식 궁합은 고대 중국의 음양 사상에 뿌리를 두고 있다. 음양은 우주 만물의 상반되는 것들을 음과 양으로 나누어 그 조합에 의해 길흉을 판단하는 역학(易學) 사상으로, 나중에 이것이 일본으로 건너가 식생활 면에서의 '음식 궁합'을 낳았다고 한다. 일부에서는 일찌감치 미신적 관습이라고 지적되었지만 민간에서는 제2차 세계대전까지 많은 사람들이 믿고 실천했다.

'온냉설(溫冷說)'이란?

　음식 궁합과 비슷한 관습으로 중남미나 동남아시아 등에서 볼 수 있는 '온냉설'이 있다. 이것은 모든 음식물을 따뜻한 것과 차가운 것으로 분류하는 방법으로 온·냉의 기준은 체온이다. 즉 사람의 몸은 매우 섬세하게 이루어져 있어 지나치게 뜨겁거나 지나치게 차가울 경우에는 자칫 죽음에 이를 수도 있기 때문에 음식물을 선택할 때에도 균형을 잘 유지해야 한다는 것이다.

　'도표'에서도 볼 수 있듯 육류 등의 동물성 식품이나 지방이 많은 것은 따뜻한 음식으로, 야채류나 유제품은 차가운 음식으로 분류되는 경우가 많다. 그러나 이것은 고정화된 개념이 아니라 지역이나 민족에 따라 바뀌는 경우도 적지 않다.

　예를 들면 달걀은 태국에서는 차가운 음식으로 분류되지만 방글라데시에서는 따뜻한 음식에 속한다고 한다. 단 동남아시아에서의 온냉식 습관은 중남미만큼 엄격하지는 않아 최근의 젊은 사람들은 크게 신경 쓰지 않는 경우가 많다.

원래 혈액은 따뜻하고 몸 밖으로 배출되는 모유는 차가운 성질을 가지고 있다고 하는데, 일반적으로 온냉설의 배경에는 여성의 생리주기와 관련이 있는 경우가 많다. 예를 들면 출산은 모체의 체온을 크게 빼앗기 때문에, 체온을 따뜻하게 해주기 위해 출산과 수유를 하는 기간에는 적극적으로 따뜻한 식사를 해 몸 전체에 혈액이 잘 흐르게 하고 빈혈을 예방할 수 있다고 믿는다. 이런 방법은 영양학적으로 보아도 이치에 맞기 때문에 무조건 민간 관습이라거나 미신이라는 식으로 가볍게 생각할 문제는 아니다.

식품을 두 종류로 분류하는 방법론은 유대교의 코셰르나 중국의 음양 사상과도 일맥상통하는 점이 있다. 이런 사상은 고대 그리스나 로마에서 발생해 아랍 세계로 전해졌다가, 이슬람 세력의 이베리아 반도 침공과 함께 다시 유럽 남부로 역수입되어 16

따뜻한 음식, 차가운 음식

따뜻한 음식	중간에 해당하는 음식	차가운 음식
쇠고기, 염소, 닭, 토끼, 사슴, 토르티야 빵, 달걀, 고추, 초콜릿, 벌꿀, 땅콩, 복숭아, 사과, 설탕, 증류주, 와인	호박, 감자, 쌀, 토르티야 빵(토르티야는 옥수수 가루를 둥글게 펴서 구운 멕시코 요리의 주식)	돼지고기, 생선, 수탉, 칠면조, 라드(lard), 감자, 쌀, 우유, 치즈, 레몬, 양파, 콩, 토마토, 호박, 당근, 맥주, 소다수

「음식과 건강의 문화인류학」

세기 대 항해 시대의 물결을 타고, 식민지 정책에 의해 중남미나 동남아시아로 유입되었다는 것이 정설이다.

음식 금기와 관련된 미신의 근거

이런 속담이 있다.

"가을 가지는 며느리에게 먹이지 마라."

일반적으로는 가을의 가지는 맛이 좋으니까 얄미운 며느리에게 먹일 필요가 없다고 해석한다. 즉 시어머니와 며느리의 껄끄러운 관계를 의미하는데, 한편으로는 가을 가지는 독이 강해서 몸에 좋지 않기 때문에 며느리에게 먹여 건강을 해쳐서는 안 된다는 정반대의 해석도 있다.

가지는 히스타민이라는 물질을 다량으로 함유하고 있어 사람에 따라서는 알레르기 증상을 보이는 경우도 있다. 따라서 맛이 좋다는 이유에서 지나치게 섭취하면 여름 더위 때문에 지친 위장을 해치게 된다는 점을 경계하라는 말인 것이다. 그중에는 가을 가지는 씨가 적기 때문에 씨앗을 저장해야 한다는 걱정에서 나온 속담이라는 해석도 있다.

어떤 설이 맞는 것인지는 알 수 없지만 이런 식으로 속담이나 고사에서 인용된 음식 금기는 세계 각지에 수없이 존재한다.

그중에서도 출산이나 수유와 관련된 음식 금기가 특히 많다.

"태어날 아이에게 사마귀가 생길 우려가 있기 때문에 임신부는 문어를 먹지 말아야 한다."

"쌍둥이가 태어날 우려가 있기 때문에 둘로 갈라진 무는 먹지 말아야 한다."

먹은 음식과 생김새가 비슷한 아이가 태어날 수 있다는 것이 임부에 대한 음식 금기의 근본적인 이유다.

섹스와 결혼에 얽힌 음식 금기에 관한 속설도 적지 않다.

인도에서는 다산하는 닭의 습성에서 음란한 기운이 여성에게 전해질 수 있기 때문에 여성은 달걀을 먹지 말아야 한다는 속설이 있다. 그러나 인도네시아의 '미혼 남성은 닭의 날개를 먹으면 결혼할 수 없다'라는 속설은 닭 날개(tlampik)와 거부(tampik)의 발음이 비슷하다는 단순한 언어적 유희에 지나지 않는다.

금기에 도전하는 세계의 엽기적인 요리

닥치는 대로 먹어대는 실태

인간의 위장은 엄청나서 그 위장이 받아들일 수 있는 범위는 매우 넓다. 확실하게 몸에 유해한 것 이외에는 먹지 못할 대상이 거의 없다. 생존을 위해서라는 대의명분이 어색할 정도로 인간은 매우 다양한 종류를 섭취한다.

'철의 위장'이라는 별명을 가진 일본의 어떤 작가는 베트남 전쟁을 취재하면서 부화 직전의 달걀 요리를 소개한 적이 있다. 깃털이 자라 병아리의 모습을 완벽하게 갖추고 있는 달걀을 뜨거운 물에 삶은 것인데 태국의 '카이한한'이나 필리핀의 '바루트'도 같은 음식을 가리키는 말로 포장마차 같은 곳에서 아무렇지 않게 먹는 광경은 그야말로 엽기다.

마치 짐승 같은 이미지가 강하지만 그들의 입장에서는 오히려 밥에 달걀을 풀어 비벼 먹는 것이 더 기분 나쁘다고 한다. 그러나 엽기라고 표현하는 것은 결국 자기가 먹는 음식인가 아닌가 하는 상대적인 판단일 뿐 절대적인 기준은 아니다. 보기에 따라서는 대표적인 프랑스 요리인 달팽이 요리나 개구리 요리 또는 광동 요리에 자주 등장하는 개 요리도 엽기적인 요리에 속할 수 있다. 중국이 원산지인 차우차우라는 개는 원래 식용으로 품종을 개량한 것이다.

이밖에도 일반적으로 우리가 입에 대지 않는 쥐, 고양이, 박쥐, 도마뱀, 올챙이, 지렁이, 거머리, 전갈, 나비, 나방 등의 다양한 종류가 세계 각지에서 일상적으로 섭취되고 있으며, 그것도 반드시 소수파에 의해서만 섭취되는 것은 아니다. 그야말로 음식 금기에 대한 도전이라고 할 수 있을 것이다.

단 이런 것들은 어떻게 조리하는가에 따라 마음만 먹으면 먹을 수도 있는 요리다. 그러나 동물의 분뇨나 흙까지 먹는 것을 보면 문화나 가치관의 차이 정도가 아니라 인간의 가식 영역(可食領域: 먹을 수 있는 음식의 영역)을 초월한 그야말로 엽기적인 식성이라고 말하지 않을 수 없다.

북미의 원주민인 포모족은 도토리 가루에 붉은 점토를 섞어 구운 빵을 먹고 남미의 티무브족은 흙을 생선 기름으로 튀긴 프라이를 즐겨 먹는다고 한다.

또 북미의 코만치족은 사슴의 분뇨를 먹었다는 기록이 있다. 중국 남서부의 톤족 사이에는 예로부터 소의 분뇨를 조미료로 사용한 '피엔치차이'라고 불리는 요리가 있었다고 하니까 놀라울 따름이다.

곤충 요리는 맛있다?

그러나 가식 영역 중에서 일반적인 엽기 요리라고 하면 곤충 요리가 아닐까? 아니 엽기 요리라고 표현하기보다는 오히려 자연식이라고 표현하는 것이 나을지도 모른다. 곤충은 과일과 함께 인류의 식생활에 있어서 가장 오래된 음식물이기 때문이다.

일본에서도 메뚜기 볶음이나 꿀벌의 애벌레를 식용하는 지방이 적지 않다. 그중에서도 나가노 현(長野縣) 이나(伊那) 지방의 '자자무시 요리'는 유명하다. '자자무시'는 수생 곤충의 애벌레를 총칭하는 말이다.

전세계에서 먹을 수 있는 곤충은 약 5백여 종에 이른다고 하는데, 지금도 곤충을 상식(常食)하고 있는 지역은 중국, 동남아시아, 아프리카다. 중국 내륙 지역의 농민은 누에의 번데기나 귀뚜라미를 즐겨 먹고 베트남에서 라오스와 태국에 이르는 산악지대에서는 물방개, 개미, 나비, 매미 등을 즐겨 먹는다.

나비는 몸통을 버리고 날개를 그대로 씹어 먹고, 개미는 수프의 재료로 이용하면 신맛이 있어 꽤 먹을 만하다고 한다. 물방개나 매미는 야채와 함께 기름으로 볶으면 맛도 있고 소화가 잘된다고 한다. 또 태국의 일부 주민은 물장군만 보면 정신을 차리지

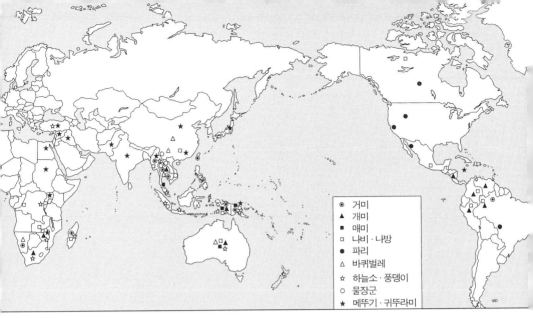

◉	거미
▲	개미
■	매미
▢	나비·나방
●	파리
△	바퀴벌레
☆	하늘소·풍뎅이
○	물장군
★	메뚜기·귀뚜라미

세계의 주요 곤충식(昆蟲食) 분포

못할 정도로 좋아하고, 라오스의 산악 지대에 사는 주민은 바퀴벌레 알이나 거미를 튀겨서 먹는다고 한다. 그들은 굶주린 배를 채우기 위해서라기보다는 오히려 그 미각을 즐기는 것이라고 보아야 할 것이다.

1930년대 초, 라오스인의 식생활에 관한 자세한 기록을 남긴 영국인 음식 문화학자 W·S·브리스트는 용기를 내 여러 가지 곤충들을 먹어본 결과 그 진미를 깨닫고 다음과 같이 절찬했다.

"무엇 하나 맛없는 것은 없다. 그리고 몇 가지 종류는 정말 맛이 좋았다. 그중에서도 물장군은 특필할 만한 것으로 야채의 풍미도 느낄 수 있다. ― 불에 구운 물장군이나 끓는 물에 절반 정도 익힌 거미는 미묘한 향기를 풍기는데 씹으면 수플레(souffle: 서양식 달걀 요리의 일종으로 달걀 흰자를 거품내서 생선이나 육류로 만든 하얀 소스 등을 첨가해 불에 구운 요리)처럼 부드러워 결코 기

분 나쁜 맛이 아니다. ― 흰개미, 매미, 바퀴벌레의 맛은 양상추
와 비슷하고 큰 거미의 일종인 네필라(nephila)는 양상추와 감자
를 섞은 맛이다. 이런 곤충들을 먹어본 이후 몸에는 아무런 이상
이 없었다."

그러고 보면 우리는 단순히 선입관에 의해 곤충식(昆蟲食: 곤
충을 먹는 것)을 판단하고 있었나 보다. 곤충이나 거미 등을 포함
한 절지동물을 먹는 데에 본능적인 혐오감을 가지고 있는 사람
은 실제로는 없다고 한다. 고대 그리스의 철학자 아리스토텔레
스도 매미를 즐겨 먹었다고 알려져 있는데, 그는 매미에 대해 이
렇게 평가했다.

"매미는 마지막 탈피를 하기 직전의 번데기일 때가 가장 맛이
좋다. 그리고 성충인 경우에는 교미가 끝난 이후에 하얀 알이 가
득 들어 있는 암컷이 맛있다."

사람들은 왜 엽기적인 재료에 매달리는가?

인류는 무엇 때문에 특이하고 엽기적인 음식 재료에 손을 대
는 것일까?

곤충에 대해서는 앞에서도 설명했듯 오래전부터 먹어왔고,
실제로 먹어보아도 결코 나쁜 맛은 아니라고 한다. 더구나 산
채로 먹는 경우는 거의 없고, 대부분의 곤충은 튀김이나 구이를
해서 먹는 것이니까 익숙해지면 충분히 먹을 수도 있다고 생각

한다.

　그러나 아무리 이해하려 해도 기분은 개운치 않다. 특히 개나 고양이 같은 애완동물까지 먹는다는 것은 더 그렇다. 유럽이나 미국인들이 그런 동물에 손대지 않는 것은 귀엽고 사랑스럽기 때문만은 아니다. 문화인류학자인 마빈 해리스에 따르면 가장 큰 이유는 원래 육식동물인 개는 고기의 공급원으로서는 효율성이 떨어지고, 유럽에서는 일찍부터 쇠고기나 돼지고기가 충분히 공급돼 굳이 개를 도살해서 섭취해야 할 필요가 없었기 때문이라고 한다.

　그렇다면 개고기를 즐기는 중국인이나 한국인은 어떤가?

　이 지역은 돼지 이외의 육류는 항상 부족한 상태에 놓여 있었고, 낙농업을 할 수 있는 좋은 조건을 갖추고 있지도 않았다. 서민들은 특별한 날을 제외하곤 돼지고기도 쉽게 먹을 수 없었다. 그 때문에 어쩔 수 없이 야채 중심의 식생활을 하게 됐고, 쉽게 볼 수 있는 개가 귀중한 단백질 공급원으로 제공된 것은 당연한 이치였다.

　한편 곤충의 경우에는 대형 초식, 잡식 동물을 손에 넣을 기회가 적은 지역일수록 음식 재료의 폭이 넓어짐과 동시에 곤충도 먹지 않을 수 없었던 듯하다. 굳이 메뚜기나 흰개미를 예로 들 필요도 없이 곤충은 대량으로 무리를 지어 서식하는 경우가 많기 때문에 쉽게 잡을 수 있고, 단백질 공급원으로서의 영양가도 예상 이상으로 높다. 대형 포유류는 부족하지만 곤충은 풍부한 열대 지역에 곤충식이 뿌리를 내린 이유도 이런 서식환경 때문이다.

4

'식사 방법과 식기' 에 감추어져 있는 뜻밖의 문화사

'수식'이 가장 깨끗한 음식 문화인 이유

전세계의 40퍼센트는 손으로 직접 음식을 먹는다

손으로 직접 음식을 집어먹는 행위는 야만적이고 예의에 어긋나는 행동이며, 위생적으로도 바람직하지 않은 천한 행동이라는 이미지를 떠올리기 쉽지만, 이것은 자기중심적인 가치관이 낳은 단순한 편견에 지나지 않는다.

문화와 문명의 선진 지역이라고 알려져 있는 유럽에서조차도 오랜 세월 동안 수식 문화(手食文化: 손으로 직접 음식을 집어 먹는 식사 문화)가 이어져내려왔고, 젓가락 문화가 침투해 있는 일본에서도 아무런 거리낌없이 손으로 밥을 주물러 만드는 초밥을 만들어 먹는 것은 물론이고 토스트, 패스트 푸드인 햄버거 등은 당연하다는 듯 손을 사용해 먹고 있지 않은가.

세계 역사를 돌이켜보아도 인류는 수식을 기본으로 삼아왔다. 손으로 음식을 집어 먹는다고 해서 야만스럽다거나 문화 수준이 낮다고 말할 수는 없고, 반대로 그런 사고방식이야말로 인류의 음식 문화사에 대한 무지를 드러내는 것이다.

오히려 손만 사용하는 것이 보다 더 이치에 맞는 식사 방법이라고 믿어 의심치 않는 지역이 지금도 주류를 이루고 있으며, 수식을 하는 인구는 전세계의 40퍼센트인 약 25억 명에 이른다고 한다.

그중에서도 인도의 힌두교도나 서아시아의 이슬람교도는, 음식물은 신이 내려주신 신성한 것이라는 고정관념이 매우 강해 식기를 비롯한 식사 도구는 더러운 것이고 손이 가장 청결하다는 종교적인 계율을 철저하게 지키고 있다(과거에는 유럽인도 그런 사고방식을 갖고 있었다).

더구나 이 문화권에서는 오른손은 청결하지만 왼손은 부정하다는 관념이 철저해 신께서 내려주신 음식물을 만질 수 있는 것은 오른손뿐이라고 믿고 있다. 설사 선천적인 왼손잡이라 해도 왼손으로 식사하는 경우는 없다.

사용하는 손가락도 엄지손가락, 집게손가락, 가운뎃손가락 등 세 손가락만으로 정해져 있고, 북아프리카의 원주민인 베르베르 족 사이에는 다음과 같은 속담도 있다.

"한 손가락으로 식사하는 것은 증오를 상징하고, 두 손가락으로 식사하는 것은 오만하다는 뜻이다. 세 손가락으로 식사하는 것은 마호메트의 가르침을 충실히 따르고 있다는 뜻이며, 네 손가락이나 다섯 손가락으로 식사하는 것은 대식가라는 증거다."

수식에서의 예절이란?

힌두교도 등 수식을 하는 사람들의 경우, 제2관절부터 끝 부분까지만 사용해 마치 코끼리가 코를 사용하듯 능숙하게 손을 놀리면서 음식물을 입으로 옮긴다. 카레처럼 젖은 음식도 문제 없다. 잡는다, 쥔다, 라는 과정을 통해 입뿐 아니라 손의 감촉도 즐긴다는 이유에서 "먼저 손으로 맛보고 이어서 입으로 그 맛을 음미한다"라고 표현할 정도다.

음식을 잡는 방법에도 엄격한 예절이 있다. 우선 식사를 전후해 반드시 손을 씻어야 한다는 것은 당연한 행동이지만 그와 동시에 양치질도 한다.

이것은 예로부터 음식을 먹는 행위를 신성한 의식이라고 생각했다는 증거다. 특히 식후에 양치질할 때는 손가락을 사용해 입 안을 깨끗하게 닦아내는 것이 예의다.

최근에는 조립식 식탁이 일반화되었다고 하지만, 서민들의 가정에서는 바닥에 커다란 보자기 같은 천을 깔고 그 위에 음식물을 늘어놓고 먹는 것이 일반적인 식사 방법이다. 천은 무릎에 걸쳐놓은 상태로 식사를 하는데 그대로 냅킨으로 사용할 수도 있다. 음식을 먹을 때는 음식물을 둘러싸듯 모여 앉는데, 남성이나 아이들은 일반적으로 책상다리를 하고 앉지만 여성은 한쪽 무릎을 세우는 자세를 취한다. 이 스타일은 이슬람교도이든 힌두교도이든 마찬가지다.

손님이 있을 경우에는 남녀가 따로 식사를 하며, 식사 도중에

전통적인 세계의 3대 식사 방법

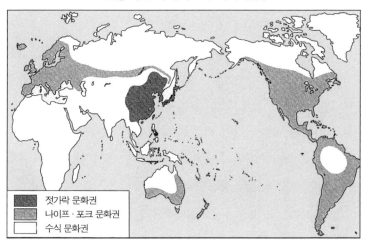

젓가락 문화권
나이프·포크 문화권
수식 문화권

누군가가 찾아오는 경우에는 함께 식사를 하도록 권하는 것이
예의다. 이 경우에도 남녀는 식사를 따로 한다.

한편 수식을 하기 때문에 뜨거운 요리는 먹지 않는다. 아니,
먹을 수 없다.

즉 수식 문화권에서는 입김으로 식혀가면서 먹는 뜨거운 요리
는 만들지 않는다. 또 아무리 깨끗하게 음식을 먹는다고 해도 손
은 금방 지저분해져서 더 먹고 싶을 때에는 자신의 손을 사용해
직접 음식을 더는 것이 아니라, 주부 또는 호스트 역할을 맡은
사람에게 부탁해 덜어달라고 하는데 이때에는 나무로 만든 스푼
등을 사용할 수 있다고 한다.

식기를 부정한 물건으로 생각하는 힌두교

일본인은 일반적으로 결벽증에 가까운 성격이라는 평가를 받는다. 하지만 실제로는 카스트 제도 아래에서 깨끗한 것과 더러운 것의 관념이 철저한 힌두교도가 훨씬 더 결벽에 가깝다고 말할 수 있다. 그들은 자신의 손 이외의 다른 도구로 음식을 만지는 경우가 없기 때문에 식기를 비롯한 식사 도구는 가능하면 사용하지 않는다. 다른 사람도 사용하는 식기는 부정한 것이기 때문에 우리처럼 공기에 밥을 담거나 젓가락을 사용하는 쪽이 그들의 입장에서 보면 '불결'한 행위로 비친다.

따라서 음식물은 접시나 공기 대신 바나나 잎 등에 담거나 더이상 사용할 수 없게 된 질그릇에 담아 식사를 한다. 물을 마실 때에도 컵에는 입을 대지 않도록 조심하거나 역시 더 이상 사용할 수 없게 된 질그릇을 이용한다. 그들은 왜 이렇게 청결(?)에 집착하는 것일까?

힌두교 계율 중의 하나로 서로 다른 신분이 함께 어울리는 것을 엄격하게 금지하는 조항이 있다. 커다란 의미에서의 카스트 제도인데, 이 제도를 바탕으로 신분이 높은 카스트는 신분이 낮고 더러운 카스트를 바라보는 것조차 기피한다. 하물며 그들이 사용했을지도 모르는 식기를 사용하고 함께 식사하는 행위는 스스로를 더럽히는 부정한 행위라고 생각한다. 그들이 신분이 다른 사람끼리 절대로 식사를 하지 않는 이유는 여기에 있다.

또 공용 식기로서 큰 그릇을 이용하는 경우에는 금속이나 돌로 만든 제품은 나중에 깨끗하게 씻을 수 있기 때문에 그런 대로 깨끗한 물건이라고 말할 수 있지만, 그 그릇에서 개인용 식기로 옮겨진 음식물은 입을 댔든 대지 않았든 관계없이 이미 부정한 존재가 된다. 따라서 일단 음식을 덜어오면 다른 사람이 먹는 경우는 결코 없기 때문에 요리를 남기는 것은 예의에 벗어난 행위가 된다. 단 이슬람권에서는 금속제 공용 식기를 일반적으로 사용하지만 힌두교처럼 부정에 대한 엄격한 관념은 없다고 한다.

유서 깊은 젓가락의 심오한 문화와 예절

유교 경전에 기록돼 있는 젓가락의 의의는?

　일본에서의 식생활의 기본은 젓가락이다. 최근 들어 올바르게
사용할 줄 아는 사람이 줄어들었다는 이유에서 개탄의 목소리를
자주 듣게 되는 이유는, 젓가락이 음식을 먹을 때에 사용하는 단
순한 도구가 아니라 민족이 육성해온 문화라고 생각하기 때문이
다. 사실 젓가락을 사용하는 방법은 수식을 제외하면 가장 오래
된 식사 방법이다.

　젓가락의 기원은 중국이다. 약 3천4백 년 전, 은(殷) 왕조의
수도였던 은허(殷墟)라는 지역에서 수많은 무기와 식기 등과 함
께 세계에서 가장 오래된 청동으로 만들어진 젓가락이 발굴됐는
데, 그것은 일상적인 식생활에 사용하는 것이 아니라 조상에게

바치는 공물을 집기 위해 사용한 예기(禮器)로 추정되고 있다.

젓가락이 탄생한 배경에는 위생적인 면이나 뜨거운 음식을 집기 어렵다는 문제 때문이기도 하지만, 그와 동시에 손님이나 윗사람과 함께 식사할 때 손을 사용해 음식을 흐트러뜨리거나, 서로 많이 집기 위해 보기 흉한 다툼을 벌이는 듯한 인상을 없애기 위한 도구가 필요했기 때문이라는 설명이 유교 경전인 『예기(禮記)』에 기록돼 있다. 그야말로 예의를 중시하는 유교 국가다운 발상이다.

어쨌든 젓가락은 오랜 세월 동안 왕후와 귀족의 연회에서 사용됐는데, 그러던 중 대중이 일반적으로 사용하게 된 것은 기원전 100년을 전후한 전한(前漢) 시대다.

『예기』에는 당시에 젓가락을 사용할 때의 예의가 다음과 같이 설명돼 있다.

> 반찬은 젓가락, 밥은 숟가락을 사용할 것. 건더기가 없는 국물은 젓가락을 사용하지 않는다.

즉 젓가락은 숟가락을 보조하는 존재로 당 나라 시대가 되어서도 숟가락과 함께 사용됐다.

젓가락이 필수적인 식사 도구가 된 것은 면류가 서민들의 음식으로서 인기를 얻게 된 10세기의 북송(北宋) 이후다. 굳이 설명할 필요도 없지만 면류를 먹으려면 숟가락보다는 젓가락이 훨씬 더 사용하기 편하다. 이런 풍조가 젓가락 문화를 크게 후원해

주었는데, 나아가 중국 역사상 최초로 강남(江南) 지역을 거점으로 천하를 통일한 명(明) 나라 시대가 되자, 장강(長江) 주변의 찰기 있는 밥을 먹는 데에는 젓가락이 적합하다는 이유에서 젓가락과 숟가락의 형세가 크게 역전된다.

일본에서 젓가락 문화가 시작된 것에 대해서는 여러 가지 설이 있지만, 일반적으로는 607년에 오노노 이모코(小野妹子)가 수(隋) 나라에서 가지고 왔다고 알려져 있으며, 쇼토쿠 태자(聖德太子)가 조정의 의식을 치를 때에 처음으로 채용했다고 전해지고 있다. 그때까지는 일본도 당연히 손을 사용해 음식을 먹었을 것이다.

중국과 한국에서 볼 수 있는 젓가락 예절

젓가락 문화는 세계적으로 살펴보더라도 동아시아와 베트남에서 볼 수 있는 국지적인 식사 방법이다. 그러나 같은 젓가락 문화권이라고 해도 상당한 차이가 있다.

예를 들면 중국이나 한국의 젓가락은 길고 뭉뚝하며 끝 부분이 둥근 모습으로 뾰족하지 않은 것이 특징이다. 따라서 일본인이 사용하기엔 불편하다. 재질도 중국은 대나무나 상아를 사용하고 한국은 기본적으로 금속을 사용한다. 끝 부분이 둥근 이유는 흉기로 사용할 수 없게 하기 위한 배려였다고 한다.

커다란 접시 등에 담겨 있는 음식을 자신의 젓가락으로 직접 집는 방식은 일본에서는 전골 등의 일부 음식을 제외하면 예의에 어긋나는 행동이지만, 중국이나 한국에서는 모든 음식을 직접 집어 먹으며 덜어 먹는 경우는 거의 없다. 이것은 식기에 대한 개인 소유라는 관념이 없고, 가족을 소단위로 하는 평등과 공유라는 '대가족제'적인 사고방식에서 유래한 것이라고 한다.

일본에서는 앞 쪽의 그림처럼 젓가락을 가로로 놓는 것이 예의이지만 중국이나 한국에서는 세로로 놓는 것이 상식이다. 과거에는 윗사람보다 먼저 식사를 마쳤을 때에 겸손한 뜻을 나타내기 위해 본가인 중국에서도 젓가락은 가로로 두는 것이 상식이었지만, 이런 관습은 당 나라에서 송, 원 나라로 지배 세력이 바뀌는 것과 보조를 맞춰 세로로 놓게 됐다.

그 가장 큰 원인은 당시의 북방 기마 민족을 비롯한 이민족의 침입에 의해 육식을 중심으로 하는 식생활로 바뀌기 시작한 데에 있다. 식사할 때에 사용하는 나이프는 자칫하면 흉기가 될 수도 있다는 이유에서 자연스럽게 나이프 끝이 반대쪽으로 향하도록 세로로 두었던 것이 예절로 정착한 것이라고 여겨진다.

젓가락 끝이 둥근 것도 같은 이유 때문이다. 이런 예의는 포크나 나이프를 사용하는 서양의 식사 예절과도 공통되는 점이다.

덧붙인다면, 중국이나 한국에서는 젓가락이 식사할 때의 주역은 아니다. 중국에서는 스푼 모양의 사기 숟가락을 사용하고 한국에서는 숟가락과 함께 사용해, 젓가락은 반찬을 집는 보조적인 도구에 해당한다.

중국과 한국보다 엄격한 일본의 젓가락 사용 방법

일식은 젓가락으로 시작해서 젓가락으로 끝난다고 말할 수 있을 정도다. 젓가락에 대한 일본인의 예절은 젓가락 문화권 중에서도 특히 까다롭다.

예를 들면 젓가락을 꺼낼 때에도 우선 오른손으로 집어 들고 왼손으로 중간 부분을 잡은 다음에 오른손을 사용해 꺼내서 상위에 내려놓는다. 그 후에도 젓가락을 잡을 때에는 반드시 왼손을 사용하는 것이 기본이라는 식으로 매우 복잡한 예절이 있다. 요즘에는 이렇게 엄격한 순서를 밟지 않지만 어쨌든 그렇게까지 세심한 주의를 기울이는 모습은 중국이나 한국에선 찾아보기 어렵다.

젓가락에 대한 일본인의 집착은 나오바시(直箸: 음식을 직접 집어 먹는 방법), 도리바시(取箸: 음식을 덜 때에 사용하는 젓가락. 또는 그 젓가락으로 음식을 덜어먹는 방법)의 구별은 말할 필요도

식탁에서 젓가락과 나이프를 놓는 방법

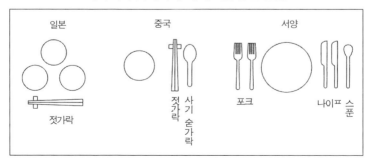

없고 모양, 용도에 따라, 또는 남성용, 여성용, 어린이용 등 속성에 따라 구별이 있을 정도로 실로 다채롭고 다양하다.

또 젓가락을 사용하는 예절은 손으로 잡는 방법까지 엄격하게 정해져 있다. 따라서 당연히 금기 사항도 존재한다.

그릇 안의 음식을 젓가락으로 휘젓거나 뒤집는 '사구리바시 (探箸)', 여러 가지 음식에 이것저것 손을 대는 '마요이바시(迷箸)', 그릇 위에 젓가락을 걸쳐놓는 '와타시바시(渡箸)' 등이 금기에 해당하는데 '와타시바시'는 중국이나 한국에서도 예의에 벗어난 행동으로 여기고 있다.

젓가락을 사용하는 국가들의 식사 예절

연장자의 신호로 식사를 시작하는 나라

한반도에서는 중국에서 전해진 유교 사상이 뿌리 깊게 남아 있어 '동방예의지국'이라고 불릴 정도로 예의를 매우 소중히 여겨왔다. 지금도 한국이 예절이 바른 나라라고 불리는 이유는 유교 정신이 생활 규범으로 그 명맥을 유지하고 있기 때문이다.

그중에서도 특히 중시되는 점이 '장유유서(長幼有序)', 즉 아랫사람은 윗사람을 공경할 줄 알아야 한다는 유교적인 사고방식이다. 그리고 이런 사고방식은 식사 예절에서도 찾아볼 수 있다.

예를 들면 식사는 그 집안에서 가장 나이가 많은 사람이 수저를 든 이후에 시작하는 것이 예의이며, 설사 손님이라고 해도 연장자가 먼저 음식에 입을 대고 권할 때까지 수저를 들지 않는다.

또 윗사람의 식사가 끝나지 않은 상태에서 함부로 자리를 뜨는 것은 예의에 어긋나는 행동이며 손님보다 먼저 식사를 마치는 것도 무례한 행동이다. 술은 왼손을 오른쪽 팔꿈치에 가볍게 대고 오른손으로 따르는 것이 일반적인데 이 경우에도 윗사람이 술을 권하는 경우에만 술잔을 받는 것이 예다.

그러나 최근에는 일본과 마찬가지로 서양식 생활양식의 정착과 핵가족 현상 등에 의해 연장자를 공경하는 미풍양속은 급속도로 사라져가고 있어 한탄의 목소리를 자주 들을 수 있다. 전통적인 식사 예절에서는 각자가 자신의 밥상을 가지고 조용히 먹는 것이 예의에 맞는 행동이었지만, 이것 역시 최근에는 커다란 탁자를 둘러싸고 이야기를 나누면서 식사하는 것이 일반화되었다.

중국에도 마찬가지로 식사에 대한 습관이 있는데, 손님은 마지막에 한 입 정도를 남기는 것이 초대해준 사람에 대한 예의였다. 이것은 '먹을 만큼 먹었다, 나를 위해 이렇게 많은 음식을 준비해주어서 너무 고맙다'라는 뜻이다.

그런데 밥그릇이 크고 식탁에 엄청난 양의 반찬과 요리를 늘어놓고 식사하는 한국의 경우에는 굳이 그럴 필요가 없다.

또한 밥그릇 같은 식기는 원칙적으로 금속제로 만들어져 크고 무겁기 때문에 이론처럼 손으로 들고 먹는 경우는 거의 없다. 아니 그런 행동을 취하는 것 자체가 예의에 어긋나는 행동이다.

숟가락과 젓가락을 구별해 사용

한국의 식탁에는 숟가락과 젓가락이 함께 놓인다. 국물과 밥은 숟가락을 사용해 먹고 젓가락은 김치 등의 반찬을 집을 때에 사용하는 중국 한(漢) 나라 시대의 식사 예법인 '시주저종(匙主箸從: 숟가락이 주가 되고 젓가락은 보조적인 역할을 한다는 뜻)'이 지금도 한반도에서의 기본적인 식사 예법이다.

또 술이나 음료 이외에 식기류에 직접 입을 대는 것도 예의를 모르는 행동이며 젓가락과 숟가락을 함께 집어드는 것도 예의에서 벗어난 행위다.

숟가락은 식사를 계속할 때에는 식기에 걸쳐두는데 이것을 식탁에 내려놓으면 식사를 마쳤다는 것을 의미한다.

중일전쟁 당시에 중국이 스파이의 국적을 조사할 때 젓가락과 숟가락을 주어 식사를 하게 했다는 일화는 꽤 유명하다. 즉 숟가락을 사용하지 않고 식기를 손으로 집어들고 젓가락으로 밥을 먹고 식사를 마친 뒤에는 젓가락을 식기 위에 걸쳐놓는 것이 일본인, 반대로 식기를 탁자에 내려놓은 채 젓가락과 숟가락을 번갈아 사용하며 식사하고 식사를 마친 뒤에는 젓가락과 숟가락을 식탁에 내려놓는 것이 한국인이라고 구별했던 것이다.

또 일본인이라면 누구나 국은 젓가락을 사용해서 먹는 것이 편하다고 생각하지만, 한국의 국에는 건더기가 많이 들어 있어 국물과 건더기를 함께 먹어야 하기 때문에 젓가락보다는 숟가락이 사용하기 편하다.

그리고 젓가락으로 먹을 경우, 국물과 함께 복도 달아난다는 이유에서 어른들께 꾸중을 듣는 경우가 많다.

일본과 많은 차이가 나는 예법

한국에서는 갈비탕 등의 국에 밥을 말아먹는 경우가 많다. 일본에서는 이것이 예의에 어긋나는 식사 방법이지만 한국에서는 당연하다고 생각한다.

한편 한국식 비빔밥은 위에서 아래까지 철저하게 섞는데 그 결과 요리의 재료가 무엇인지 알 수 없게 되는 경우가 많다. 일본에서는 음식을 완전히 섞어 먹는 것은 예의에 어긋난다고 생각지만, 한국에서는 오히려 철저하게 섞는 것에 의해 독특한 맛을 느낄 수 있다고 생각한다.

이밖에 난방시설인 온돌식 방에서 식사를 하기 때문에 손님 앞에서 한쪽 무릎을 세우거나 책상다리를 하고 먹어도 예의에 어긋나는 행동이 아니다.

아니 오히려 그것이 한국에서의 '정좌'에 해당한다. 무릎을 꿇고 앉는 일본식 정좌는 상대방에 대한 공손한 마음을 나타낼 때에 취하는 자세로 상사나 연장자 등 윗사람 앞에서만 이런 자세를 취하는데, 그런 경우에도 윗사람이 편히 앉으라고 하면 즉시 책상다리를 하고 앉는다.

또 최근에는 서양식 테이블에 앉는 경우가 많아 젊은 사람들

식기의 소재(15세기 말)

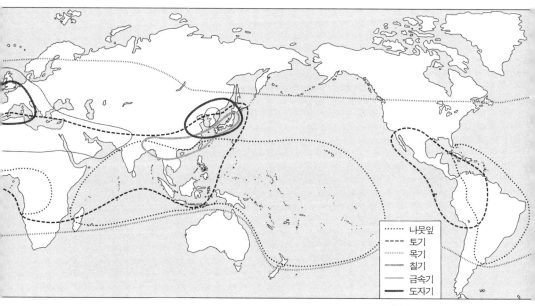

나뭇잎
토기
목기
칠기
금속기
도자기

『세계의 음식, 식기와 식탁의 문화』

사이에서는 자주 볼 수 없게 되었지만, 여성은 한쪽 무릎을 세우고 식사하는 것이 정식 예법이다.

한국의 인사말로는 '안녕하십니까'라는 것이 대표적으로 알려져 있지만 이것은 1960년대에 일반화된 용어이고, 그 전에는 '식사는 하셨습니까?'라는 용어가 오랜 세월 동안 이어져내려온 인사말이었다. 식사를 나누어 먹는다는 동료의식과 음식에 대한 세심한 가치관이 낳은 용어라고 말할 수 있다.

식사 예절에서 이렇게 다양한 차이가 발생하게 된 배경에는 여러 가지 음식의 존재, 나아가서는 음식을 담는 그릇의 소재 차이도 어느 정도 영향을 끼쳤을 것이다. 위의 '지도'를 보면 소재의 분포를 알 수 있다.

'음식 대국'인 중국의 식사 예절

광활한 국토 중국의 표준적 식생활

국토가 넓은 중국은 언어만도 표준어인 북경어를 비롯해 복건어, 광동어, 객가어(客家語), 소수민족의 언어 등 매우 다양한 것처럼 식생활도 지역에 따라 차이가 난다. 그러나 표준적인 식생활 습관이 있어서 대부분은 식사 횟수가 하루에 세 끼로 정해져 있다. 일반적으로 아침에는 소식, 점심에는 배불리, 저녁에는 좋은 음식만을 먹는다는 식으로 저녁식사에 중점을 두고 있다.

중화요리라고 하면 회전 테이블 위에 수많은 그릇들이 놓여 있어 언뜻 보기에도 호화로운 인상을 받는 중식당의 광경을 연상하기 쉽지만, 그것은 레스토랑에서의 연회에 가까운 것으로 실제로 가정에서의 저녁식사는 국 하나에 반찬 네 가지가 기본이다.

또 지역마다 특색을 가진 수많은 요리가 있는데 그 계통은 크게 북경, 상해, 사천(四川), 광동의 네 구역으로 구분한다.

고대에 손님을 접대하던 관습

중화요리에는 프랑스 요리처럼 성가신 예절은 없지만 그렇다고 식사 예절이 전혀 없는 것은 아니다.

전한 시대의 유교 경전인 『예기』에 의하면 손님에게 식사를 권

중국 각지의 요리 계통

할 때 밥은 식사하는 사람의 왼쪽, 국은 오른쪽, 식초나 소금 같은 조미료는 안쪽, 구운 고기나 파 등의 양념, 또는 고명은 바깥쪽에 놓는다는 규정이 있었다. 또 똑같은 육류라도 뼈가 붙어 있는 것은 왼쪽, 살코기는 오른쪽이라는 내용까지 정해져 있었다.

그리고 음식을 내놓는 순서도 일정한 법칙에 따라 이루어졌다. 우선 처음에 조류나 육류 요리에서 시작해 야채를 넣어 끓인 국이 추가되고, 식사가 끝나갈 무렵이 돼서야 밥이 나오는 것이 정식 예법이었다. 덧붙여, 지금은 해파리 같은 전채 요리에서 시작해 본 요리, 과자나 월병(月餠) 등의 간식, 탕(수프)의 순서로 음식이 나오는데 과일은 더 이상 나올 것이 없다는 신호다.

좌석은 가옥의 남쪽 방향을 상좌로 여겨 주빈이 앉고 마주 보는 쪽에 호스트가 앉는데, 최근에는 건물 구조상 입구에서 멀리 떨어진 곳이 상좌로 이곳에 주빈이 앉고 반대쪽에 호스트, 상좌의 오른쪽이 두 번째 주빈, 왼쪽이 세 번째 주빈이라는 순서로 앉게 되었다.

한편 손님을 초대했을 때에는 손님을 상좌에 앉히고 음식이 나올 때마다 호스트 역할을 맡은 사람이 직접 손님의 그릇에 음식을 덜어주는 것이 예의다.

더구나 중국에는 음식을 덜어먹는 젓가락을 따로 준비하지 않기 때문에 자신의 젓가락으로 다른 사람의 그릇에 음식을 덜어주는 것이야말로 최선의 대접이다.

여기에 대해 손님은 자기 그릇에 담긴 음식은 원칙적으로 일단 먹는 것이 호스트에 대한 예의이지만 남김없이 먹는 것은 예의가 아니다. 음식을 모두 먹어버리는 것은 호스트가 충분한 양을 주지 않았다는 불만을 나타내는 행위로 여겨지기 때문이다.

뜻밖으로 너그러운 매너

과거에는 어떠했든 현재의 중국에는 복잡한 식사 예절이 거의 없다. 귀찮은 예절에 신경 쓰는 것보다는 밝은 분위기 속에서 식사하는 것을 우선하기 때문이다.

따라서 뼈 등의 음식 찌꺼기를 식탁 위에 뱉어놓거나 냅킨 대신 테이블크로스로 입 주위를 닦고, 식사 도중에 이쑤시개를 사용하는 행동은 흔히 볼 수 있다. 이것은 모두 식사 예절에 어긋나는 행동이 아니다. 테이블크로스는 더러워질수록 음식을 맛있게 먹었다는 증거이기 때문에 오히려 기뻐한다.

그렇다고 해서 모든 행동이 허락된다는 의미는 아니다. 우선, 소리를 내 식사하는 것은 예의를 모르는 행동으로 받아들여지는데, 특히 면류를 후루룩거리며 먹으면 노골적으로 인상을 찌그린다. 또 밥공기 이외에는 손으로 집어들고 먹어서는 안 된다. 젓가락은 식탁에 내려놓아야 하며 그릇 위에 올려놓으면 재수가 없다고 싫어한다. 배불리 먹지 못했다는 오해를 받지 않으려면 약간의 음식은 남겨두는 것이 좋다. 또한 식탁 위에서 자신의 젓가락을 다른 사람의 젓가락과 교차시키면 안 된다.

예절을 중시한다고 생각하기 쉬운 중국이지만 우리가 어색하게 생각하는, 서서 음식을 먹거나 무릎을 세우고 식사를 하는 경우도 모두 일상적인 모습으로 특별히 예의에 어긋난 행동이라고 생각하지는 않는다.

여담이지만 중국에는 '잘 먹겠습니다, 잘 먹었습니다' 등 식사할 때의 인사말은 없다. 기껏해야 '맛있게 먹었다'는 의미의 '헌하오츠'라는 말이 있을 뿐이다.

답답하기 짝이 없는
양식 식사 예절의 기원

불편한 테이블 매너

프랑스 요리로 대표되는 서양 요리의 테이블 매너는 예로부터 불편하기로 소문이 나 있다. 기본적인 식사 매너만 소개해도 다음과 같은 다양한 내용을 예로 들 수 있다.

- ─식기류를 사용할 때에는 소리를 내지 않는다.
- ─자신의 그릇에 담긴 음식은 남기지 않고 먹는다.
- ─조미료가 필요할 때에는 손을 뻗어 가져오지 않고 옆에 있는 사람에게 말을 걸어 건네달라고 한다.
- ─음식을 먹는 속도는 함께 식사하는 사람들과 맞춘다.
- ─다른 사람에게 피해를 주지 않을 정도의 낮은 목소리로 대화를 나누면서 식사한다.

―먹을 수 없는 음식, 먹기 싫은 음식은 그릇에 담기 전에 미
　　리 이야기한다.
　―실수를 했을 때에는 당황하지 말고 서비스 담당자에게 맡
　　긴다.

이밖에도 자리에 앉을 때에는 의자의 왼쪽에서 들어가 엉덩이를 의자에 바짝 붙인 상태에서 테이블과 가슴 사이에 주먹 하나가 들어갈 정도의 여유를 두고 앉는다. 나이프와 포크는 바깥쪽에서부터 사용하며 고기는 한 입에 들어갈 정도의 크기로 썰어 먹는다. 식사를 하는 도중에 나이프와 포크를 내려놓을 때는 '8시 20분'의 각도로 접시 위에 올려놓는다. 수프는 안쪽에서 바깥쪽으로 떠서 한 번에 먹어야 한다. 핑거볼(finger bowl)은 과일 접시 왼쪽에 놓는다. 커피에 설탕을 넣을 때에는 커피를 일단 한 모금 마신 뒤에 넣는다.

이런 식으로 끝이 없다.

그러나 순서에 따라 맛있게 먹으면서 다른 사람에게 피해를 주지 않고 그 상황을 즐긴다는 것이 기본 정신으로, 이런 점에 모두 신경 쓰면서까지 음식의 맛도 모르는 채 식사할 필요는 없다. 어느 정도의 실수는 애교로 넘길 수 있으며 매너를 지키기 위해 노력하고 있다는 자세를 보이는 것만으로 충분하다.

그건 그렇고, 식사 매너나 예법이라는 규제는 일종의 권위 상징도 되는 모양이다.

1898년에 일본에서 출간된 『일용백과전서 · 서양 요리법』에는 다음과 같은 양식에서의 매너가 설명돼 있다.

- 레스토랑에 들어가면 잡담을 하지 않는다.

- 식탁에 앉으면 좌우를 둘러보지 않는다.

- 다른 사람의 얼굴을 오랫동안 바라보지 않는다.

- 접시 바깥에는 음식을 내려놓지 않는다.

- 테이블크로스, 또는 냅킨을 더럽히지 않는다.

- 식사할 때에는 소리를 내지 않는다.

- 접시나 그릇에 나이프가 닿아 큰 소리가 나지 않도록 주의한다.

- 입 안 가득 음식을 넣지 않는다.

- 음식을 씹으면서 입을 벌리지 않는다.

- 특별한 볼일이 없는데 웨이터를 부르거나 바라보지 않는다.

이밖에도 금지사항은 계속 이어진다. 이래서야 음식을 즐기기는커녕 고문당하는 것과 같다.

테이블 매너는 어떻게 확립됐는가?

그런데 이렇게 성가신 테이블 매너는 대체 언제 어떤 배경으로 탄생한 것일까?

옛날 사람들은 한정된 음식 재료를 입수하는 것이 고작이었기 때문에 매너를 따질 상황이 결코 아니었다.

기원전 9천년경, 서아시아에서 농경이 시작되자 정착 생활이 늘어 음식 재료는 공동으로 생산하고 분배하는 형식이 취해지면서 자연스럽게 일정한 규칙이 형성됐다. 이렇게 해서 공동체인 가족의 식탁에서의 규칙이 습관화되었고, 다음 세대로 이어지면서 사회적인 테이블 매너로 발전한 것이라고 여겨진다.

고대 로마 시대의 식사는 하루에 두 번 정오와 일몰 후에 있었는데 저녁식사는 대부분 연회 스타일로 이루어졌다. 초대받은 손님은 미리 목욕을 마쳐 몸을 깨끗하게 하고, 식당으로 들어가기 전에는 전용 파자마로 갈아입어야 했다. 손님들은 침대에 비스듬히 누워 팔 밑에 쿠션을 두고 음식을 먹으면서 와인을 마시는 식으로 식사를 즐겼는데, 어떻게 해야 와인을 멋지게 마실 수 있는가 하는 것에 대한 '논문'이 발표될 정도로 여유가 있는 시

영국과 미국식 테이블 세팅(1930년 이후)

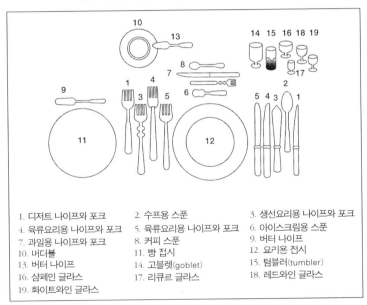

1. 디저트 나이프와 포크　　　2. 수프용 스푼　　　3. 생선요리용 나이프와 포크
4. 육류요리용 나이프와 포크　5. 육류요리용 나이프와 포크　6. 아이스크림용 스푼
7. 과일용 나이프와 포크　　　8. 커피 스푼　　　9. 버터 나이프
10. 버터블　　　11. 빵 접시　　　12. 요리용 접시
13. 버터 나이프　　　14. 고블렛(goblet)　　　15. 텀블러(tumbler)
16. 샴페인 글라스　　　17. 리큐르 글라스　　　18. 레드와인 글라스
19. 화이트와인 글라스

대였다.

　또 당시, 초대받은 손님은 뱃속으로 들어간 음식물을 식사 도중에 한 번 토해내는 것도 중요한 매너(?)였다. 즉 호스트의 성대한 대접을 충분히 받았다는 감사의 표시인 것이다. 초대받은 손님들은 전용 방에서 새의 깃털로 목안을 자극해 음식을 토했다고 하니 꽤 지저분한 이야기다.

　중세에 이르면 궁중 생활에서 서서히 식사 에티켓 같은 것이 생기는데 추상적인 마음가짐보다 구체적인 행동이 정해지기 시작했다.

　그러나 그 내용은 '먹고 남은 뼈를 그대로 식탁 위에 올려놓으면 안 된다, 식탁에는 침을 뱉지 않는다, 테이블크로스를 사용해 코를 풀면 안 된다, 먹다 남은 빵이나 음식 찌꺼기를 접시에 내려놓지 않는다, 식사 도중에 코딱지를 후비거나 나이프 끝으로 이를 후비면 안 된다, 더러운 손을 옷에 닦으면 안 된다'라는 식의 마치 어린아이를 교육시키는 듯한 한심한 것들이었다.

　17세기에 각자에게 수프 접시가 나누어지면서 위생 관념이나 개인 식사 관념이 강화됨에 따라 드디어 매너라고 부를 수 있는 예법이 정착됐다.

　프랑스 혁명 이후인 19세기, 신분을 박탈당한 귀족들이 궁궐 안에서 배운 매너를 선보였는데, 식생활이 풍부해짐에 따라 서민들은 상류계급이 되었다는 기분으로 앞다투어 그 행동을 흉내낸 결과 현재와 같은 번거로운 테이블 매너가 확립된 것이다.

나라에 따라 다른 테이블 매너

테이블 매너를 알게 되었다고 해도 유럽에서는 18세기 초반까지 손으로 직접 식사를 하는 식생활을 계속해왔다. 단 테이블 매너에는 기본적으로 정해진 약속이 있었다. 식사할 때에 담배를 피우거나 여성이 지나치게 강한 향수를 뿌리는 행위, 또는 트림을 하는 행위 등은 예의에 어긋나는 행동이다.

또 식사 도중에는 테이블 위에 두 손을 올려놓는 것이 매너라고 알려져 있는데, 이것은 원래 독을 가지고 있지 않다는 자신의 결백을 나타내는 사인이었다.

이런 약속들은 유럽과 미국에 공통된 테이블 매너지만 자세히 살펴보면 민족성이나 국가에 따라 약간의 차이가 난다는 것이 흥미롭다.

식사 도중의 대화를 예로 들어보아도, 영국에서는 다른 사람에게 들리지 않도록 조용히 대화를 나누는 것이 기품 있는 매너라고 여겨지고 있지만, 독일에서는 평상시의 목소리로 대화를 나누되 이는 드러내 보이지 말아야 한다. 그리고 프랑스의 경우에는 이를 보이는 것도 상관없다고 한다. 아무래도 대화에 대한 매너는 음식의 수준이나 양과 반비례하는 경향이 있는 듯하다.

그리고 프랑스인은 육류 요리를 잘라먹을 때에 왼손에 쥐었던 포크를 오른손으로 옮겨 먹지만, 영국인은 이것을 '지그재그 식사'라고 해 기피하며 포크를 들고 있는 왼손을 그대로 사용해 먹는 습관이 있다. 한편 합리주의 의식이 강한 미국인은 처음에 고기 전체를 먹기 좋게 잘라놓고 포크를 오른손으로 옮겨 끝까지 먹는 것이 일반적이다.

나이프와 포크를 두는 방법에도 차이가 있다. 식사 도중에는 8시 20분의 각도로 놓는 것이 일반적이지만 식사를 마친 뒤에는 9시 방향으로 두는 것이 프랑스식, 12시 방향으로 두는 것이 영국식, 4시 20분 방향으로 두는 것은 미국식이다.

테이블 매너는 유럽인이 자기들의 오랜 역사와 문화 속에서 만들어낸 약속이기 때문에 그대로 동양인에게 적용해야 할 필요는 없고, 미묘한 습관 차이도 어느 쪽이 올바른 것이라고 정의 내리기는 어렵다. 중요한 것은 정성을 다해 손님을 접대하고 즐거운 분위기 속에서 식사를 하는 것이 아닐까?

수식에서 포크를 사용하게
되기까지의 긴 여정

수식이 상식이던 유럽

　서유럽 국가들은 식사 매너나 품위에 매우 엄격하다는 것이 일반적인 견해다. 문명이 막을 올린 시대에 도입된 격식인 테이블 매너도 유럽인이 갖고 들어온 것이다. 언뜻 보면 꽤 기품 있고 그럴듯해 보이지만, 그들의 식사 예절 역사를 되짚어보면 뜻밖으로 그 역사가 매우 짧다는 사실에 놀라지 않을 수 없다.

　세계의 식사 스타일은 동아시아의 젓가락 문화권, 유럽이나 남북아메리카의 나이프 · 포크 문화권, 그 밖의 지역에서의 수식 문화권으로 나눌 수 있다. 유럽인의 식사 방법에서 포크의 역사는 매우 짧다. 여기에 비해 젓가락은 기원전 4세기경에 중국에서 이미 일반화되어 있었다.

한편 유럽인은 고대 로마 시대부터 식사는 손으로 직접 하는 것이 상식이었다. 레오나르도 다빈치의 명작 「최후의 만찬」을 보면 알 수 있듯, 음식이 담긴 커다란 접시나 개인 접시는 놓여 있지만 포크나 스푼은 그려져 있지 않다. 수식을 하는 습관은 예의와 매너가 갖춰지기 시작하는 18세기까지 계속됐다고 한다.

그동안에도 교육에 엄격한 부유층은 약손가락과 새끼손가락을 제외한 세 개의 손가락으로 음식을 직접 집어 먹는 것이 기품 있는 식사 방법이었고, 두 손을 사용해 음식을 먹는 것은 교육을 제대로 받지 못한 천한 행동이라고 여겨졌다.

1530년대에 쓰여진 매너에 관한 서적에도 다음과 같은 내용이 기록돼 있다.

중요한 자리에서는 반드시 세 개의 손가락만 사용해 음식을 먹어야 하며 다섯 개의 손가락을 모두 사용해서는 안 된다. 손가락을 어떻게 사용하는가를 보면 상류계급인지 아닌지 알 수 있다.

하지만 손을 사용해 직접 음식을 먹는다는 점은 다를 것이 없는데 이런 매너가 무슨 의미가 있었을까?

또 16세기 후반에 처음으로 일본을 방문한 남만인들은 놀란 표정으로 이렇게 말했다고 한다.

"우리는 모든 음식을 손으로 먹는데 일본인은 어린 시절부터 두 개의 길다란 막대를 이용해 식사한다. 우리는 식사를 전후해 반드시 손을 씻지만 일본인은 음식에 손댈 필요가 없기 때문에 손을 씻지 않는다."

하지만 어이가 없는 쪽은 일본인이 아니었을까?

좀처럼 보급되지 않은 포크

나이프는 꽤 이른 단계에서부터 애용됐지만 어디까지나 고기를 자르기 위한 도구에 지나지 않았고 식기로 여겨지지는 않았던 듯하다. 스푼은 더 오래전인 2만 년 전에 서아시아에서 발명됐는데 그리스나 로마 시대에는 폭넓게 사용됐다.

르네상스 이후 무슨 이유에서인지 스푼은 사랑의 심벌이라는 미신적 존재로 바뀌어 연인끼리 선물로 교환하는 풍습도 생겼다. 한편 식사에 초대받은 경우에는 스푼을 갖고 가는 것이 에티켓이어서 주인은 손님용 스푼을 준비할 필요가 없었다고 한다.

식기 중에서 가장 역사가 짧은 것이 비잔틴 제국에서 고안했다고 알려져 있는 포크다. 둘로 갈라진 소형 포크가 이탈리아 중부의 토스카나 지방에 도입된 것은 11세기로 접어든 이후인데, 당시에는 '작은 갈퀴'를 의미하는 퓨스키나라는 이름으로 불렸다. 이것이 유럽에서의 최초의 포크라고 하니까 그들의 수식 습관이 얼마나 오랫동안 이어져 내려왔는지 짐작할 수 있다.

더구나 이 포크에 대해서도 완고한 성직자들을 중심으로 다방면에서 반대의 목소리가 터져나왔다. 신이 내려주신 음식을 만질 수 있는 것은 신이 만들어주신 인간의 손뿐이며 묘한 도구를 매개체로 사용하는 것은 바람직하지 않다는 주장이었다. 그 때문에 어렵게 도입된 포크는 극히 일부의 특별한 사람들을 제외하면 그 이후에도 오랫동안 사용되지 않다가 15세기 말에 이르러서야 비로소 조금씩 인정받게 됐다. 하지만 그래도 그 당시에는 포크를 사용하는 남자는 여성적인 경향이 강하다며 냉소의 대상이 되었다고 한다.

이처럼 포크에 대한 반발과 편견은 뿌리가 매우 깊었는데 카트린 드 메디시스에 의해 프랑스로 전해진 이후에도 사람들은 음식물을 손으로 집어 먹는 습관을 버리지 못했다고 한다.

한편 수식을 하던 시대에는 지저분한 손가락을 씻기 위해 식탁에 물그릇을 두는 것이 필수였는데, 지금도 고급 레스토랑 등에서 볼 수 있는 핑거볼은 당시의 흔적이며 냅킨도 손을 닦던 습관을 기억하기 위한 아이템에 지나지 않는다. 그렇게 보면 젓가락을 사용하는 문화권에서는 모두 의미 없는 물건들인 셈이다.

고귀한 사람들의 상징이 된 포크

프랑스에서는 보석을 박아 장식품처럼 만든 포크는 단순한 장식품으로서 선반 위에 놓여 있었다. 그리고 이탈리아 이외의 나라에서는 18세기에 이를 때까지 포크가 각광받지 못했다고 한다.

그러나 시대의 흐름과 함께 음식을 손으로 직접 먹는 것은 불결하다는 사상이 높아지면서 프랑스에서는 프랑스 혁명 직후에 포크가 급속도로 재인식됐다. 하지만 그것은 지위를 박탈당한 귀족이 평민과의 차별화를 도모하기 위해 수식이 아닌 식사 예절의 일환으로서 도입한 사치스런 행동에 지나지 않았다. 그런데 재미있는 점은 그런 풍조가 확산되자 포크는 신분이 높은 자들이 사용하는 도구의 상징으로 바뀌었고, 수식은 천한 행위로 여겨지게 됐다는 것이다.

처음에는 둘로 갈라진 포크가 주류를 이뤘지만 실용성이 떨어진다는 이유에서 세 개, 또는 네 개로 갈라진 포크가 개발돼 인기를 모으게 되었고, 마침내 요즘과 같이 나이프와 포크를 함께 사용하는 식사에 익숙해졌다.

이렇게 해서 드디어 유럽인은 식사할 때에 손을 더럽히지 않게 되었는데, 포크가 시민권을 얻은 것은(즉 수식 습관을 버리게 된 것은) 불과 2세기도 되지 않는다니 놀라운 일이 아닐 수 없다.

한편 식사를 마치면 접시 위에 나이프와 포크를 교차해두는 습관이 있다. 지금은 식사를 마쳤다는 사인으로 이해하고 있지만, 원래 17세기에 이탈리아 귀족이 시작했을 때에는 그렇게 교차해두는 것이 종교적인 심벌인 십자가를 표현한 것으로 신의 은혜에 감사한다는 경건한 매너였다.

5

음식 재료와 조미료의 세계 여행

기피 대상이던 감자는 어떻게 인기 음식이 됐는가?

세계적 조미료가 된 간장의 출세 이야기

대 항해 시대를 낳은 향신료의 머나먼 여로

야채는 어떻게 샐러드 요리로 진화했는가?

요리와 지명의 인과관계에 얽힌 수수께끼

'4대 요리권'의 문화를 결정짓는 조미료의 비밀

기피 대상이던 감자는
어떻게 인기 음식이 됐는가?

편견의 대상이던 신대륙의 소재

어느 시대, 어느 지역에서든 처음 먹게 되는 음식물은 편견의 대상이 됐다. 특히 미지의 세계관이 지배적이던 시대에는 본 적이 없는 기묘한 모습의 야채나 과일 앞에서 사람들이 꽁무니를 빼는 것은 당연한 일이었다.

일본의 경우 토마토가 그 대표적인 예라고 말할 수 있다. 토마토가 일본에 들어온 것은 1670년을 전후한 간분(寬文: 1661~1673)기로 알려져 있는데 유학자인 가이바라 에키켄이 1708년에 저술한 『야마토혼조(大和本草)』에는 당 나라의 감이라는 뜻의 가라카키(唐柿), 또는 산호처럼 생긴 가지라는 뜻의 산고나스(珊瑚茄子)로 기록돼 있다. 감자는 1868년에 유럽과 미국에서 본격적으로 일본으로 도입됐는데, 처음에는 붉은 가지라는 뜻의 아카나스(赤茄子), 또는 서양 가지라고 불리는 관상용으로 용기를 내 먹어보려는 사람은 없었다.

메이지 시대 말기부터 서서히 식용하게 됐지만, 사람들은 그 붉은 색깔에서 피가 연상되고 독특한 맛에서 인육의 맛이 난다는 식으로 평판은 그다지 좋지 않았다. 서민들의 이해를 얻어 식탁에 올라가게 된 것은 1920년대에 신맛과 풋내가 적은 폰데로자종이 도입된 이후의 일이다. 편견이 해소될 때까지 70년 가까운 세월이 필요했던 것이다.

토마토 이상으로 '색안경'의 대상이 되어 오랜 세월 동안 음식으로서 인정받지 못한 것이 감자다. 지금은 포테이토칩이나 프라이드 포테이토를 비롯해 카레라이스, 크로켓, 스튜 등의 대중요리에서 빼놓을 수 없는 매우 중요한 재료다.

감자도 토마토와 마찬가지로 신대륙에서 들어온 것인데 원산지는 중앙 안데스 고원의 치치카카 호수 주변으로 재배가 시작된 것은 6세기 전후다. 감자는 백 가지 종류 이상에 이르렀는데 지금은 총칭해 '파파스'라고 불리며 비슷한 발음으로 고구마의 총칭인 '파타타스'도 있었다고 한다.

구대륙에서의 최초의 재배는 1540년에 스페인 탐험기인 페드로 드 시에사가 남미에서 스페인으로 가져왔을 때라고 알려져 있다. 그는 또 잉카 제국을 멸망으로 이끈 정복자 프란시스코 피사로를 수행한 연대기 작가이기도 했다.

'악마의 과실'이라고 불릴 정도로 기피당한 이유

　스페인에서　시작된 재배는 이탈리아를 거쳐 프랑스와 독일 등으로 퍼져나갔다. 이와는 별도로 영국에는 1586년에 중미에서 직접 도입됐고, 1621년에는 영국을 경유해 아메리카의 영국령 버지니아 식민지로 역수입되었다.

　처음에는 진기한 관엽식물로서 관상용으로 이용됐으며, 이름도 '타라토프리(작은 송로라는 뜻)'로 불렸는데 후에 같은 의미의 독일어인 '카르토페르'라는 이름이 붙여졌다. 또 프랑스어로는 '폼드테르(대지의 사과라는 뜻)'라고 부르는데 영어인 포테이토는 원음인 파파스와 혼동된 고구마를 가리키는 말, 파타타스에서 유래된 것이다.

　감자가 송로(트뤼프)라고 불린 이유는 당시의 감자가 매우 작아 마치 송로처럼 보였기 때문이다. 따라서 껍질을 벗겨 먹는다는 것까지는 생각이 미치지 못한 것 같다. 껍질째로 시식해본 사람도 있었지만 그 냄새가 식용으로는 도저히 사용할 수 없다고 생각한 듯하다.

　그래도 거친 땅과 추위에 강해 보존이 쉬워서 월동 음식 재료로 이용할 수 있다는 특성이 인정돼, 기아에 허덕이는 북유럽이나 아일랜드에서는 17세기경부터 가난한 사람들 사이에서 비상식량이나 가축용 사료로 조금씩 재배됐다. 하지만 대부분의 유럽인은 그들을 '돼지 사료에까지 손대는 천한 녀석들'이라고 비웃었다.

세계의 주식 분포도

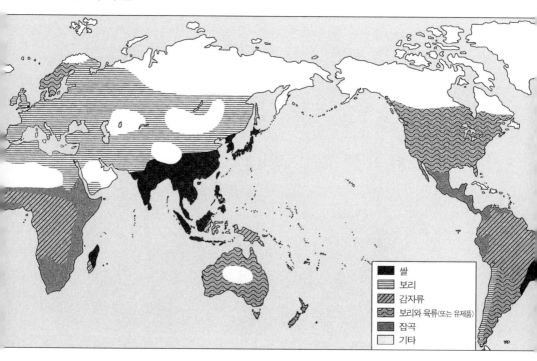

범례:
- 쌀
- 보리
- 감자류
- 보리와 육류(또는 유제품)
- 잡곡
- 기타

이렇게까지 기피당한 이유는 매력을 느낄 수 없는 맛도 문제였지만, 그 생김새가 당시의 유럽인에게 매우 그로테스크하게 느껴졌기 때문이다. 기본적으로 유럽인들의 야채에 대한 개념은 줄기나 잎, 콩 정도로 뿌리에 해당하는 감자와는 인연이 없었고, 단면이 즉시 거무스름하게 변색되는 현상도 기분 나쁜 인상을 주었다. 또 성경에도 등장하지 않는 부정한 음식이라는 이미지가 매우 강했다.

그 때문에 신대륙에서 건너온 기묘한 생김새의 이 식물을 식용으로 삼는다는 발상은 아예 없었고, 오히려 신이 허락한 음식물이 아니라는 미신에 가까운 사고방식이 지배적이었다.

1748년에 프랑스에서 출판된 『수프 학교』라는 요리 지침서에는 한센병을 유발시킬 위험성이 있다고 재배 자체를 금지하고 있다.

이렇게 해서 감자는 18세기 말까지 약 2세기 이상에 걸쳐 '악마의 과실'로 불리며 기피의 대상이 됐다. 그동안 몇 번의 기근이 들었는데도 사람들은 감자를 이용할 줄 몰랐던 것이다.

대 기근으로 바뀐 평가

먹을 수 없는 야채라는 편견이 무너지게 된 직접적인 계기는 대 기근이다.

스페인 전쟁이나 오스트리아 전쟁 등 거듭되는 대전에 의해 토지가 황폐화된 상태에서 기후조차 바람직하지 못했던 18세기 중반 이후, 서유럽의 식량은 점차 줄어들었고 대 기근이 불어닥쳤다.

선두를 끊은 것은 독일이었다. 북부의 프러시아 지방에서 흉작이 잇따르자 당시의 프리드리히 2세는 농학자인 콜베르히에게 현재의 상황을 타개할 수 있는 대책을 강구하라는 명령을 내렸다. 콜베르히는 그때까지 전혀 주목받지 못한 감자를 생각해 내고는 반강제적으로 재배를 장려한 결과 멋지게 국민의 배를 채울 수 있었다. 삶은 감자에 버터를 바르면 맛이 좋아진다는 것도 알게 됐고, 비타민 C가 비교적 풍부하다는 점에서, 그때까지 북유럽의 풍토병으로 두려움의 대상이던 괴혈병도 예방할 수 있는 일석이조의 효과를 거뒀다. 독일과 감자의 깊은 관계는 이렇게 시작됐다.

한편 비슷한 상황에 놓여 있던 프랑스에서는 1772년 브잔슨 과학 아카데미가 '식량 부족이 초래하는 재앙을 완화시키기 위한 영양물에 관한 연구'라고 불리는 현상 논문을 공모했는데 여기에서 1등을 거머쥔 사람이 나중에 '감자의 아버지'로 불리게 되는 앙트와느 A 파르만티에였다. 7년 전쟁 때에 독일군 포로가 되었던 자신의 경험을 예로 들며 황무지에서도 재배가 가능한 감자는 기근에 적합한 유일한 식량이라고 역설한 것이 1등 상을 수상하게 된 것이다. 그러나 세상 사람들은 그의 주장에 귀를 기울이지 않았다. 어렵게 그 진가가 인정받은 것은 프랑스 혁명 이후의 혼란기에 식량난을 해결하는 구호물자가 된 이후다.

이렇게 해서 빵 이외의 주식은 생각해보지도 않았던 서민들에게 있어서 감자는 수백만 명의 아사자를 미리 막을 수 있는 구세주로 부각됐다. 이어서 조리 방법과 관련된 책이 잇따라 등장하기에 이르자 저항파의 반발도 서서히 가라앉았다. 오랜 세월 동안 기피의 대상이던 감자는 일약 스포트라이트를 받는 인기 재료가 된 것이다.

오늘날 프라이드 포테이토가 딸려 나오지 않는 비프스테이크나 햄버거는 생각할 수도 없다. 그러나 오랜 세월 동안 음식으로서는 도저히 이용할 수 없다는 식으로 기피의 대상이었다는 역사를 생각하면, 음식물에 대한 선입관이 얼마나 터무니없는 것인지 새삼 깨닫게 만든다.

세계적 조미료가 된 간장의 출세 이야기

일본이 자랑하는 간장의 루트

30년 정도 전까지 해외에서 간장을 볼 기회는 매우 드물었다. 미국의 대도시 슈퍼마켓 한 구석에 조용히 자리 잡고 앉아 있는 것이 고작이었다. 그런데 지금은 미국 국내에서만도 연간 8만에서 10만 킬로리터의 소비량을 보이고 있다.

간장은 육류나 야채 등 모든 음식 재료나 구이, 조림, 튀김 등 요리용과 식탁용 양쪽에서 사용되는 존재이기 때문에 인기를 얻는 것은 당연하다고 말할 수 있다.

간장은 콩, 밀, 소금을 원료로 누룩곰팡이의 활동을 이용해서 발효 숙성시켜 만드는데 루트를 밟아보면 장(醬)에서 출발한 것이다. 장은 곡류나 육류, 생선, 야채 등의 소재를 소금에 절여 숙성시킨 것으로 각각 곡류를 사용하는 '곡장(穀醬)', 생선을 사용하는 '어장(魚醬)', 야채를 사용하는 '초장(草醬)'으로 불린다. 일본에서는 특히 곡물을 원료로 하는 곡장이 선호를 받아 오래전부터 사용되어왔다고 알려져 있는데, 이윽고 대륙에서의 기술이 도입된 7세기경부터 본격적인 제조 방법이 확립, 701년의 『다이호 율령(大寶律令)』에는 콩으로 만든 장의 기록이 있다.

가마쿠라 시대(鎌倉時代: 1192~1333) 초기인 1254년에는 송나라에서 '긴잔지(徑山寺) 된장' 제조 방법이 들어와 된장 통 바닥에 고인 즙에서 추출한 '다마리조유(溜醬油)'라는 간장이 고안됐다. 지금과 같은 일본의 독자적인 간장이 만들어진 것은 16세기 중반 이후의 에도 시대로 간사이 지방의 니시노미야(西宮)와 다츠노(龍野), 간토 지방의 노다(野田)와 조시(銚子) 등에서 본격적인 간장 제조가 시작됐다.

백 년 만에 콩 생산 대국이 된 미국

그런데 곡장의 원료인 콩의 원종(原種)은 중국 동북부(옛 만주), 한반도, 일본에 자생하는 돌콩이라고 한다. 돌콩은 고대 때부터 음식 재료로 이용돼왔는데, 콩으로서 처음 재배에 성공한 지역은 중국 동북부에서 아무르 강 유역에 걸친 일대라고 추측되고 있다.

콩의 재배는 4, 5천 년 전에 시작돼 2천 년 이상 전에는 중국

농북 지방에서 중요한 작물의 하나가 돼 있었다. 일본에서 콩 재배가 시작된 것은 기원전 3세기 무렵으로 벼농사 재배와 함께 대륙에서 도입돼 당시에는 삶거나 볶아서 먹었다고 한다.

그러나 동아시아에서 유럽으로 콩이 전해진 것은 예상 밖으로 매우 늦다. 17세기 말에 나가사키 등에서 2년 동안 의술을 전파한 독일인 켐페르가 1712년에 저술한 회상록 『회국기관(廻國奇觀)』에서 소개한 것이 최초로, 종자의 유입은 그보다 훨씬 늦게

간장 문화권과 콩의 전파

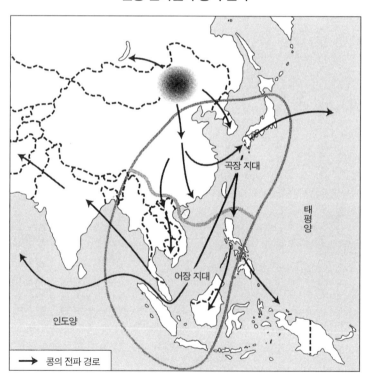

중국으로부터 파리 식물원으로 유입된 1740년이 최초였다.

그러나 유럽인은 콩에 거의 흥미를 보이지 않았던 듯, 재배를 시작한 것은 미국으로부터 종자가 수입돼 시험삼아 심어본 1908년 이후의 일이다.

한편 미국으로의 유입은 유럽 이상으로 늦었다. 일설에 의하면 1854년에 페리 제독(Matthew C. Perry)이 일본에서 가지고 간 것이 시초라고 한다. 그러나 그 이후에는 식물원에 방치되다가, 1896년에 콩의 중요성에 착안한 농무성이 시험삼아 재배한 것이 최초라고 한다.

현재 미국은 전세계 콩 재배 면적에서 40퍼센트, 생산량에서 50퍼센트를 차지하고 있는 콩 생산 대국이지만 재배가 시작된 것은 불과 1세기 정도 전이었다.

네덜란드 무역에 의해 유럽으로 진출

콩 재배가 유럽이나 미국에 뿌리를 내리기 전부터 간장은 네덜란드 무역에 의해 동남아시아나 인도, 멀리는 유럽으로까지 수출되고 있었다. 나가사키 상사에서의 수출 품목 기록을 보면 간장은 1647년부터 수출이 시작됐는데 첫 해에는 대만상사에 10통이 송출됐다. 그 후에도 모로코 제도, 자카르타, 스리랑카, 인도에 이르기까지 광범위하게 수출되었는데 주요 소비자는 화교였다. 그 이유는 일본산 간장이 중국 간장보다 질이 좋다고 평가

받았기 때문이다.

한편 데시마(出島)에서 네덜란드 선박에 의해 유럽으로도 수출된 간장은 '쾰데르 병(甁)'이라는 이름으로 상품화됐는데 일반적으로는 간장을 뜻하는 일본어 '쇼유'의 네덜란드어 사투리인 소야나 조야로 불렸다. 17세기 후반에는 프랑스 왕궁 베르사유 궁전의 식탁에도 놓일 정도였는데, 미식가로 유명한 루이 14세도 간장의 맛을 특히 사랑했다고 전해지고 있다.

또 영어로는 간장이 소이소스, 콩은 소이빈이라고 하는데 어원은 간장을 뜻하는 일본어 '쇼유'의 네덜란드어 사투리인 소야다. 단 간장이 유럽으로 건너간 초기에는 원료인 콩이 존재하지 않았기 때문에 소이는 간장을 가리킴과 동시에 콩 자체도 의미했다. 나중에 혼란스런 용법을 피하기 위해 간장을 소이소스, 콩을 소이빈으로 구별하게 되었다고 한다.

대 항해 시대를 낳은
향신료의 머나먼 여로

향신료의 시초는?

향신료란 요리의 맛을 이끌어내 식욕을 돋우는 작용을 가진 일종의 조미료다. 과거에는 향료라고 불렸지만 최근에는 향신료 (spice)가 일반적인 호칭이 됐다. 메밀국수에 겨자, 라면에 후추 라는 식으로 세트를 이루듯 이제 향신료가 없는 식생활은 생각 할 수 없을 정도가 됐다.

인류가 향신료의 존재를 안 것은 5만 년 이상이나 거슬러올라 간 고대 시대로, 신들이 천지창조를 위한 천상 회의에서 마신 와 인에 참깨가 들어 있었다는 전설이 있는데 이것이 향신료의 시 초로 알려져 있다.

고대 이집트 시대에는 식용이나 약용 이외에도 그 향기에 착안해 종교적 의식의 향유나 제물로서, 또 미이라를 만들 때의 귀중한 방부제로서 사용되었다.

고대 그리스나 로마 시대에는 인도 아대륙에서 인도차이나, 인도네시아 등이 원산지인 후추, 계피, 정향, 육두구 등 '동양의 4대 향신료'가 육지와 바다의 스파이스 로드를 거쳐 지중해 연안 지방으로 유입되었다. 당시의 유럽에는 향신료라고 하면 허브류 정도밖에 없었다. 이윽고 동양으로부터의 이런 향신료 교역권을 이슬람 상인과 이탈리아 도시국가의 상인들, 이른바 동방무역이 독점해 오랜 기간에 걸쳐 막대한 부를 축적하게 된다.

덧붙여, 스파이스의 원래의 어원은 라틴어로 '보다'라는 의미를 가지고 있는 스페케레였는데, 이것이 '비교하다'라는 뜻으로 사용되다가 '종류, 약품'이라는 의미를 거쳐 마지막으로 여러 가지 종류라는 의미의 '향신료'로 바뀌었다.

이것은 생물학에서 말하는 스피시즈(씨앗)나 스펙터클과 같은 어원이기도 하다.

진귀하고 값비싼 '마법의 약'

10세기경까지 지중해 연안부를 제외한 유럽에서는 설탕도 없었고 신맛을 내기 위한 레몬도 없는 육식 중심의 빈약한 식생활을 하고 있었다. 생고기도 사흘만 지나면 썩기 시작했기 때문에 보존하려면 소금에 절이거나 훈제로 만드는 방법밖에 없었다.

그런 상황 속에서 전파된 것이 향신료다. 방부 작용이 강할 뿐 아니라 적은 양으로도 고기의 맛을 한층 더 좋게 만들어주었다. 따라서 그들의 입장에서는 그야말로 마법의 약과 같았던 향신료는 은처럼 엄청나게 비싼 가격으로 매매됐다.

2년에 걸쳐 멀리 동양으로부터 운반돼오는 다양한 종류의 향신료는 이슬람 상인이나 베네치아 상인 등이 개입돼 중계 이익을 독점하는 바람에 유럽인은 엄청나게 비싼 금액을 지불하고 구할 수밖에 없었다.

그 가격을 소개해보자.

예를 들면 바스코 다 가마(Vasco da Gama: 1460~1524)에 의해 인도 항로가 발견되기 직전인 15세기 말의 정향의 최종 가격은 원산지인 말레이 반도에서 구입했을 때의 360배에 이르렀다고 한다.

우선 원산지에서 가까운 멜라카에서 원가의 10배 전후로 경락이 돼 중계지역인 인도에서는 다시 세 배 이상으로 값이 뛴다. 그리고 서아시아나 베네치아를 경유해 프랑스나 독일로 운반되면 다시 그 열 배의 가격으로 인상되는 것이다.

이런 폭리를 견디다 못한 유럽 여러 나라는 독자적으로 보다 싸게 향신료를 입수할 수 있는 방법을 찾기 위해 새로운 통상로 개척에 열을 올리게 된다. 또 오스만 제국이 지중해 일대로 세력을 확장한 결과, 서아시아를 경유하는 동방무역이 불안전해진 것도 새로운 항로를 요구하는 주장을 더욱 강화시켜주었다.

주요 향신료의 전파 경로

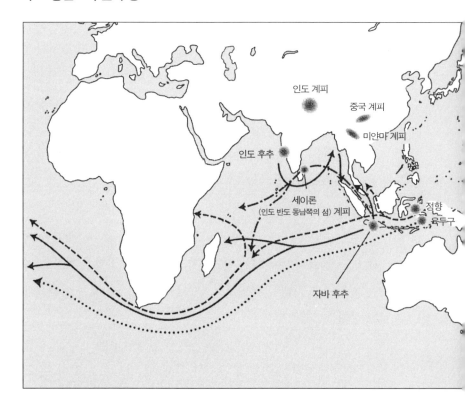

인도 계피

중국 계피

미안마 계피

인도 후추

세이론
(인도 반도 동남쪽의 섬) 계피

정향

육두구

자바 후추

향신료를 구하기 위해 새로운 항로 발견

이윽고 대서양에 면한 스페인과 포르투갈 양국이 선두로 대서
양 항로 개척에 나섰다. 1492년에는 콜럼버스가 서쪽으로 돌아
가는 항로를 이용하다가 우연히 미국 대륙에 도착했고, 그 흥분
이 가라앉지도 않은 1498년에는 바스코 다 가마가 아프리카의
희망봉을 돌아 인도 항로를 발견했다. 나아가 1522년에 마젤란

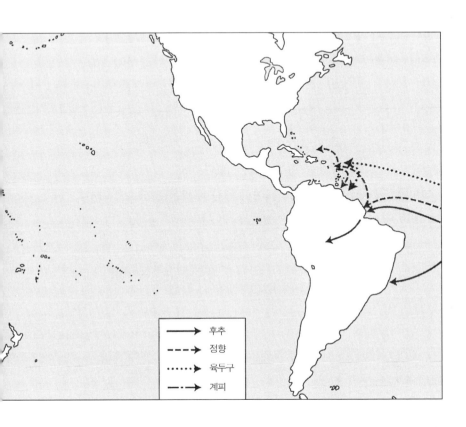

──▶	후추
- - -▶	정향
·····▶	육두구
─·─▶	계피

이 이끄는 세계 일주 항해에서 환상의 향료 제도(몰루카 제도)가 소개되는 등 대 항해 시대가 화려하게 막을 올리게 된다.

이런 통상로 개척에 의해 리스본에서의 향신료 가격은 단번에 베네치아의 절반 이하로 떨어졌고, 향신료 무역은 지중해에서 대서양 항로로 자리를 옮겨갔다.

실제로 인도 서해안의 카리카트에 처음 도착한 바스코 다 가마가 부하의 3분의 2를 잃으면서 유럽으로 가지고 돌아온 향신료는 구입 가격의 60배에 팔렸다.

또 마젤란 항해에서는 다섯 척의 배로 스페인을 출항했다가 무사히 귀국한 것은 빅토리아 호 한 척뿐이었지만, 몰루카 제도에서 가지고 돌아온 7만 파운드(약 32톤)에 이르는 향신료는 항해에 들어간 모든 투자금액을 웃돌았을 뿐 아니라 거액의 '이익'을 안겨주었다고 하니까, 지중해 상인들이 그동안 얼마나 많은 이익을 챙겼는지 충분히 짐작할 수 있다.

이윽고 향신료 이외의 생산물이나 재물 획득을 둘러싸고 역사는 식민지 쟁탈전으로 돌입하게 되는데 이 점에 대해서는 굳이 언급할 필요가 없을 것이다.

어쨌든 향신료가 근대 세계사를 바꿀 정도의 귀중품이었던 것은 분명한 사실이다.

다양한 향신료의 특성

여기에서 세계가 주목한 향신료의 특성에 대해 간단히 설명해 두기로 한다.

천연의 향신료는 날것, 건조시킨 것, 건조시켜 가루로 만든 것으로 분류할 수 있는데 이용 부위나 맛 등에 의해 다음과 같이 분류되는 경우도 있다.

· 향초계(香草系: 허브 스파이스)는 천연 그대로 강렬한 방향을 발산시켜 육류의 냄새 제거나 방부제 등으로 사용된다.

주로 잎이나 줄기 부분으로 약간의 쓴맛이 있는 것이 특징. 온대식물로 유럽 등에서 많이 볼 수 있다. 여기에는 로즈마리, 샐비어, 타임, 월계수 잎, 파슬리, 차조기 잎, 생강 등이 있다.

· 종자계(種子系: 시즈 스파이스)는 주로 온대식물의 작은 씨앗이나 과실을 건조시켜 가루로 만들어 사용하는데 과자나 빵, 양주의 향을 낼 때에 이용하는 경우가 많다. 샐러리 씨, 캐러웨이, 회향, 쿠민 등이 있다.

· 향신계(香辛系: 스파이시 스파이스)는 특유의 매운맛과 향기를 가지고 있어 혀를 강하게 자극하는 향신료로 수요가 가장 많고 값도 싸다. 대부분 열대지방이 원산지로 뿌리, 나무껍질, 씨앗, 열매, 싹 등에서 채취한다. 후추류, 고추류, 마스타드, 육두구, 생강, 계피, 마늘, 겨자, 산초 등이 대표적이다.

이밖에 특유의 향기는 발산하지만 자극적인 매운맛은 없고 색깔을 사용하는 경우가 많은 것을 착색계(着色系: 컬러링 스파이스)라고 부르며 여기에는 사프란(saffraan), 터메릭(turmeric), 파프리카(paprika), 붉은 차조기 등이 해당한다.

야채는 어떻게 샐러드 요리로 진화했는가?

처음에는 약으로 이용된 생 야채

인류가 생 야채를 먹기 시작한 것은 언제부터일까?

오늘날 최고의 샐러드 야채로 알려져 있는 양상추는 이란 고원 근처가 원산지라고 하는데, 이미 기원전 6세기에 페르시아에서 재배했다는 기록이 남아 있다.

그 이후 그리스를 거쳐 로마에서 유럽 전역으로 퍼져나갔는데 고대 그리스에서는 기원전 3세기경, 또 기원전 2세기 말 무렵의 로마 시대의 『농업서(農業書)』에는 양배추와 함께 양상추를 생식할 것을 장려했다.

특히 양배추는 장 활동을 돕는 약효가 있다고 해 다음과 같이 소개돼 있을 정도다.

양배추에 향료 헨루다(wijnruit: 귤과의 다년초)와 잘게 썬 고수풀(미나리과의 1년초), 으깬 당근을 넣고 함께 섞어서 초와 벌꿀로 맛을 내 소금을 뿌려서 먹으면 모든 관절이 튼튼해진다.

사실 18세기 무렵까지의 유럽에서는 생 야채는 다른 허브류나 약초와 함께 '약효'를 위해 먹는 음식물이라는 선입관이 매우 강했다. 물론 드레싱은 없었고 생 야채에 소금을 뿌려서 먹는 정도였다. 샐러드의 어원이 라틴어로 소금을 의미하는 '사루'에서 전화된 사라타(소금에 절인다는 뜻)라는 것이 소금과의 관계를 잘 대변해준다. 덧붙여 고대 로마 시대에 병사들이 봉급 대신 지급받는 소금을 샐러리라고 했다.

그런데 중세로 접어들면서 소금만을 사용해서는 특별한 맛을 낼 수 없다는 사실을 깨달았는지 레몬 즙과 올리브유도 사용하게 돼 현재의 샐러드로 조금씩 진화한다.

한편 야채나 허브가 풍부한 지중해 연안과 비교하면 북서유럽은 야채 종류가 매우 빈약해 12세기 영국에서는 신선한 야채가 고작 완두콩, 강낭콩, 부추, 사탕무 등의 네 종류에 지나지 않았다.

16세기 초반, 헨리 8세가 다스리던 시절에도 당근, 양상추, 양배추, 무 등의 흔한 야채조차 재배되지 않다가 나중에 네덜란드에서 도입됐다. 야채에 대한 인식이 부족했기 때문이기도 하지만 영국에서는 17세기까지 본격적인 야채 재배가 이루어지지 않았다고 한다.

미국에서 완성된 샐러드 요리

샐러드가 유럽이나 미국인의 일반적인 식탁에서 독립된 요리로서의 지위를 차지하게 된 것은 프랑스 혁명 이후인 18세기로 알려져 있다. 그 전에는 약용 요리나 육류 요리 이후의 지방분을 제거하기 위한 첨가물에 지나지 않았고 레스토랑 메뉴에도 샐러드라는 품목은 들어 있지 않았다.

이처럼 유럽에서 탄생한 샐러드이지만 그 내용물은 소금만으로 맛을 낸 보잘것없는 것이었다. 그런데 생 야채를 먹는 습관이 미국으로 건너간 19세기 중반부터 샐러드는 독립된 '요리'로 바뀐다.

미국인의 식생활은 로스트비프에 야채를 첨가하는 간소한 내용인데 불을 사용하는 요리에는 특별히 신경을 쓰지 않던 그들이 생 야채에는 유난히 신경을 썼다.

이렇게 해서 다양한 샐러드 소스가 개발된다. 야채 샐러드 소스의 대명사로 알려져 있는 프렌치 드레싱도 프랑스에서 창안된 것이 아니라 1884년에 미국에서 탄생한 드레싱이다. 프렌치라는 이름은 프랑스인이 고안했기 때문이라고도, 프랑스 요리의 전채로 사용되는 것이 어울리기 때문이라고도 하지만 정설은 없다.

또 드레싱과 야채를 섞는 동안에는 전화도 받지 말라고 할 정도로 신경을 쓰는데 이런 속담이 있다.

"샐러드를 만들 때에는 네 명이 필요하다. 기름을 넣는 낭비를 좋아하는 사람, 식초를 넣는 인색한 사람, 소금을 넣는 고문

야채의 기원

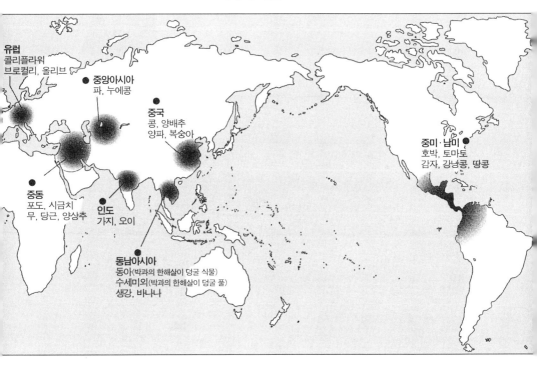

유럽
콜리플라워
브로컬리, 올리브

중앙아시아
파, 누에콩

중국
콩, 양배추
양파, 복숭아

중미·남미
호박, 토마토
감자, 강낭콩, 땅콩

중동
포도, 시금치
무, 당근, 양상추

인도
가지, 오이

동남아시아
동아(박과의 한해살이 덩굴 식물)
수세미외(박과의 한해살이 덩굴 풀)
생강, 바나나

변호사, 그것들을 모두 섞는 미치광이."

즉 기름은 듬뿍 넣고 식초는 약간 넣고 소금은 미묘한 판단으로 간을 맞추고 마지막으로 단번에 섞어야 한다는 샐러드 요리의 비결을 설명하는 말이다.

나라에 따라 먹는 순서가 다르다

지금은 우리에게도 친숙해졌지만 샐러드 바(salad bar)도 미국이 발상지다. 레스토랑 자리에 앉으면 마음대로 야채를 가져다 먹을 수 있는 서비스를 판매하는 스타일이다. 원래 미국인의 비만에 대한 대책으로 생겼는데 칼로리가 높은 육류를 섭취하기 전에 야채를 듬뿍 먹어 위장을 미리 채워두면 과식을 하지 않는다는 이유에서 나온 발상이다.

다이어트 효과는 분명히 있다. 즉 샐러드를 먼저 먹는 것으로 위액 분비를 촉진해 소화를 돕는 효용이다. 이처럼 샐러드를 식전에 섭취하는, 이른바 오드볼로 삼는 습관은 미국 이외에 영국 등이 해당된다. 반대로 프랑스나 이탈리아는 육류나 생선 등의 주 요리를 먼저 섭취한 다음에 샐러드를 먹는다는 오래전 습성을 지키고 있다. 야채가 육류의 냄새를 제거해주고 지방화를 막아준다는 생각에서 나온 발상이다.

그러나 최근에는 세계적인 추세를 보더라도 미국식 풍조가 주류를 이루고 있고 유럽에서도 오드볼로서 샐러드를 주문하는 방식이 정착되기 시작했다.

요리와 지명의 인과관계에 얽힌 수수께끼

지명에서 이름을 딴 요리

일본에는 이시카리나베(石狩鍋), 센바시루(船場汁), 덴신돈(天津丼) 등의 요리가 있는데 발상지가 어디이든 이것들은 모두 지명을 딴 요리 이름이다.

또 조리된 가공식품에도 이런 식으로 지명을 딴 이름이 많다. 셋쓰(攝津) 쓰쿠다(佃) 마을의 어부들이 이주한 지역인 에도의 쓰쿠다시마(佃島)에서 고안된 쓰쿠다니(佃煮), 진언종(眞言宗) 총본산인 기슈(紀州) 고야산(高野山)에서 발생했다고 알려져 있는 고야 두부, 가마쿠라 시대에 나라(奈良)의 선승들에 의해 만들어진 나라즈케(奈良漬), 에도 시대 말기에 사쓰마(薩摩)에서 고안됐다고 알려진 사쓰마 튀김 등 헤아릴 수 없을 정도다.

그러나 전세계적으로는 요리의 이름으로 지명을 사용하는 예
는 뜻밖으로 적다.

에스카르고 아 라 블루기뇽(블르고뉴 지방풍의 에스카르고)이나
프랑크푸르트 소시지, 비엔나 슈니셀(빈풍의 커틀릿), 스파게티
나폴리타나(나폴리풍의 스파게티)처럼, '~풍'이라는 지명이 붙은
메뉴는 각지에서 볼 수 있지만 하나의 단어로 명사화된 유명한
요리는 한정돼 있다.

많지 않은 예에서, 햄버거 스테이크와 베이징 덕(duck)을 소
개해보자. 햄버거 스테이크는 제1장에서 설명했으니까 여기에

음식 재료의 이름과 유럽의 지명

서 다시 다루지는 않기로 하고, 중국을 대표하는 명물 요리인 베이징 덕은 정식 이름이 베이징카오야(北京烤鴨)로, 뚱뚱하게 살이 찌도록 기른 새끼 오리의 털을 뽑고 시럽을 발라 광택이 날 때까지 숯불에 구운, 청(淸) 나라 왕조 궁중 요리의 맥을 이어받은 요리다.

그러나 이런 식으로 지명을 딴 것보다는 요리를 고안한 사람이나 그와 관련된 인물의 이름을 딴 요리가 압도적으로 많은데, 프랑스 요리의 샤토블리앙, 영국이 낳은 세계적인 패스트 푸드인 샌드위치를 비롯해 러시아 요리의 대표인 비프 스트로가노프, 빈의 명 과자인 자허토르테 등은 모두 실제로 존재했던 인물의 이름을 딴 것이다.

남만 과자 카스텔라의 수수께끼

카스텔라는 오래전부터 우리의 미각을 즐겁게 해주는 남만 과자의 하나인데 카스텔라의 기원은 포르투갈어 빵 데 카스텔라(카스테리아 지방의 빵이라는 뜻)라는 설이 가장 유력하다.

카스테리아는 이베리아 반도 중부에 성립된 중세의 크리스트교국으로 동부의 알라곤과 합방해 스페인 건국의 리더 역할을 담당한 국가로서 유럽 역사에서는 널리 알려져 있는 존재다. 즉 이 지역이 카스텔라식 빵의 발상지라고 추정된다는 점에서 오늘날의 카스텔라라는 이름이 탄생했다는 해석이다.

그러나 당시는 물론이고 지금도 스페인에는 카스텔라라고 불리는 과자나 케이크가 없다. 이와 비슷한 과자를 찾는다면 대 항해 시대의 보존식품으로 고안된 비스코초(두 번 굽는다는 뜻)라는 스펀지 케이크가 있지만 제조 방법이나 생김새가 매우 다르기 때문에 결국 카스텔라는 일본에서 개량된 서양식 과자라고 말할 수 있다

이밖에 프랑스에서 18세기 말에 탄생한 디저트 케이크인 바바로아는 독일 남부의 바바리아 지방의 이름을, 또 몽블랑은 유럽 최고봉의 이름을 딴 과자로 둘 다 특별한 고사나 인연 관계가 있었던 것은 아니고 단순히 생각나는 대로 이름을 붙인 것이라고 한다 .

타바스코와 마요네즈의 기원이 된 지명

한편 해외에도 지명을 딴 가공식품이 있다. 파스타 요리에는 필수적으로 사용되는 세계에서 가장 매운 소스로 알려진 타바스코가 여기에 해당한다. 이것은 멕시코의 유카탄 반도 서쪽의 타바스코 지방에서 이름을 딴 상품이다. 하지만 이 소스의 원산지는 멕시코가 아닌 미국이다.

좀더 자세히 설명한다면 남부 루이지애나 주 아벨리아아일랜드에 본사를 두고 있는 맥킬헤니 사가 독점 판매하고 있는 조미료로 코카콜라와 마찬가지로 그 제조 방법은 지금도 극비다. 타바

스코라는 상품명도 1868년 이후 등록 상표가 되었는데 일개 지명이 상표명으로 승격하는 경우는 보기 드문 예다.

그런데 왜 타바스코라는 이름이 채용된 것일까?

원료인 붉은 고추가 멕시코의 타바스코산이라는 것이 표면적인 이유이지만 당사자인 맥킬헤니는 그 사정에 대해 확실하게 설명하지 않고 있다. 단순히 발음이 좋았기 때문이다, 붉은 고추의 원산지가 타바스코 지방이라는 것이 일반인들의 상식이었기 때문이다, 라는 식으로 여러 가지 추측이 있지만 진상은 밝혀지지 않고 있다. 덧붙여 타바스코는 멕시코 원주민인 아스테카인의 언어로 '습기가 많은 땅'이라는 뜻이라고 한다.

드레싱과 함께 샐러드에서 빼놓을 수 없는 것이 마요네즈다. 그 어원에는 여러 가지 설이 있지만 지명에서 탄생했다는 설도 뿌리가 깊다.

1756년, 프랑스군의 원수 리슐리외 공이 지중해에 떠 있는 스페인의 영토 미노르카 섬의 주요 도시인 마온을 점령했을 때, 수행한 요리사가 섬의 식사가 워낙 맛이 없어 나름대로 고안한 소스를 '마오네즈(마온풍이라는 뜻)'라고 이름을 붙인 데에서 탄생했다고 한다.

같은 조미료라도 우스터 소스는 발상지가 그 기원이라는 점이 명백하게 밝혀졌다. 정식으로는 우스타샤 소스라고 하며 영국 남부의 우스터 지방에서 만들어졌다는 이유에서 이런 이름이 붙은 것이다. 남아 있는 문헌에 의하면 인도의 벵골 주지사를 담당했던 마스칼 선데이 경의 제안에 근거해 1837년에 마을의 약사인 존 리와 윌리엄 펠링스가 공동으로 조합해 발명했다고 한다.

내추럴 치즈인 캐멈베르는 프랑스 북부의 노르망디 지방의 캐멈베르 마을이 발상지다. 1791년경 마리 알레르라는 여성이 우연히 창안했다고 알려져 있는데, 1855년에 그녀의 딸이 이 치즈 조각을 나폴레옹 3세에게 바쳤더니 황제는 그 풍미가 매우 마음에 들어 그 이후부터 이 치즈를 캐멈베르로 부르도록 명령했다고 한다.

'4대 요리권'의 문화를
결정짓는 조미료의 비밀

4대 요리권의 특징

   세련된 조리 방법, 맛을 내는 방법, 고유의 음식 재료 등 독자적이고 전통적인 스타일을 확립해 세계의 식생활에 영향을 끼쳐온 요리 문화가 있다. 지역적으로 분류하면 중국, 인도, 중동, 유럽으로 이 지역들을 일반적으로 '4대 요리권'이라고 부른다. 모두 세계의 거대 문명 발상지로 문명과 요리 수준의 밀접한 관련성을 대변해주는 것 같아 흥미롭다.

   중국 요리권에서의 골자는 '의식동원(醫食同源)'으로 식생활은 모두 이 사고방식에 근거해 운영된다. 주요 음식 재료는 돼지고기, 간장이나 된장, 젓갈류의 장, 유지 등을 이용해 다양한 가열 처리를 하는 것이 특징인데, 일반적으로 맛을 내는 방법이 매우 복잡하고 간도 강하다. 따라서 보기에 좋고 아름다운 '눈을 위한 요리'가 아니라 '혀를 위한 요리'로 알려져 있듯 겉모습보다는 맛을 중시하는 경향이 강하다. 또한 절임이나 저장 등의 보존 식품을 만드는 기술도 매우 뛰어나다.

인도 요리권의 특징은 각종 향신료를 조합한 마살라, 버터오일의 일종인 '기'를 사용하는 요리 방법에서 특징을 찾을 수 있는데 매운맛이 많다. 또 종교적인 이유에서 소나 돼지는 피하고 양이나 닭을 자주 이용하는데, 식물성 음식 재료를 사용하는 것으로는 '다르'라고 불리는 콩 요리도 매우 일반적인 음식이다. 주식은 쌀죽, 밀가루와 잡곡을 이용한 차파티(chapati)나 얇은 팬케이크 모양으로 만든 '난'이라는 것이고, 이것들을 굽기 위해 탄도르라는 점토로 만든 솥이 이용된다.

중동 요리권은 크게 터키·페르시아계와 아랍계로 양분된다. 그러나 이슬람교의 계율 때문에 양쪽 모두 돼지고기는 쓰지 않는다. 그 대신 양고기, 특히 새끼양의 고기가 흔히 이용되는데 그 대표적인 것이 꼬치에 꿰어 굽는 요리인 '싱케바브'다. 조미료로는 요구르트와 올리브유가 필수적으로 들어가고 고추, 후추, 정향 등의 강한 향신료도 대량으로 사용하는 경우가 많다.

마지막으로 유럽 요리권인데 이쪽은 육류나 유제품을 주재료로 삼는다.

특히 조리 방법에 중점을 둔다. 주식은 빵인데 요리는 보존을 우선시하고, 음식 재료의 본래의 맛보다는 삶거나 소금에 절이는 방법을 더 중요하게 생각한다. '코를 위한 요리'라고 불릴 정

도로 향신료나 허브가 많이 사용되며 맛도 강하고 야채 등을 생
식하는 습관이 있다.

아시아의 다양한 조미료

일찍이 세계 맛의 중심지라고 하면 당연히 동양, 즉 아시아였
다. 오늘날 화려하게 꽃을 피운 것처럼 보이는 서양 요리의 근원
은 아시아와 신대륙에서 대량으로 유입된 조미료, 향신료, 새로

세계의 조미료 분포도(15세기 무렵)

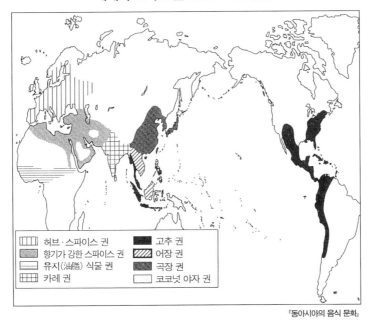

『동아시아의 음식 문화』

운 야채류에 있다고 말할 수 있다.

향신료를 포함한 조미료는 변화에 있어서 아시아가 가장 활발한데, 아시아라고 해도 워낙 넓기 때문에 지역에 따라 그 특색이 크게 다르다.

예를 들면 곰팡이를 이용해 발효시킨 장이나 된장은 동아시아에서만 볼 수 있는 조미료인데, 특히 장은 모든 요리의 기초가 되는 세계적인 조미료이며, 일본에서는 여기에 가츠오부시(か
つお 節: 가다랑어를 짜개 발리어 쪄서 말린 포), 다시마, 멸치 등을 넣어 끓여 만든 '다시'라는 독특한 문화도 발달했다. 또 중국에서는 신대륙에서 고추가 유입되자 라유(辣油)나 두반장(豆板醬) 등 수많은 조미료가 개발되었다.

동남아시아는 다양한 향신료의 고향이며 전세계 조미료의 선진 지역이라 할 수 있다. 이 지역에 공통되는 조미료는 소금에 절인 생선, 즉 젓갈에서 배어나온 어장과 코코넛 밀크다. 어장은 동남아시아 요리에는 빼놓을 수 없는 만능 조미료다. 베트남의 '뇨크망', 태국의 '남프라', 필리핀의 '파티스' 등 재료로 삼는 어종이나 풍미는 각각 다르지만 기본적인 제조 방법은 같다.

남아시아에서 사용되는 조미료는 유지인 '기'와 각종 스파이스를 조합한 마살라다. 카레 맛이라고 말할 수 있는 마살라는 노란색의 터메릭, 자극적인 향기를 풍기는 쿠민, 매운맛을 내는 후추와 고추 등 일반적인 것만도 백여 종에 가까운 향신료를 배합해 거의 모든 요리의 조미료로 사용되고 있다.

뒤처진 유럽의 조미료

유럽의 경우, 18세기까지는 극히 일부 지역을 제외하면 미각의 후진 지역에 속했다. 소금은 있었지만 설탕은 오랜 세월 동안 '인도의 소금'이라고 불리며 진귀한 조미료로 여겨졌고, 사탕무에서 설탕을 추출하는 제당 기술이 본격화된 것은 1810년대라고 알려져 있다. 그때까지 요리의 단맛은 벌꿀이나 과즙으로 냈다고 하니까 음식의 맛이 어느 정도 수준이었는지 쉽게 상상할수 있을 것이다.

그 밖의 조미료도 건조한 기후가 목축업에 적합하다는 이유에서 동물성 유지나 유제품, 허브 등이 중심이었다.

동물성 유지는 라드(lard)나 헤트(vet), 유제품은 버터, 치즈, 밀크, 생크림 등으로 허브나 향신료는 원래 향기를 내기 위해 사용했다기보다는 약초나 육류를 저장하는 수단으로 이용됐다. 나중에 이것들을 적절히 조합시키는 것에 의해 풍미 있는 패스트(paste)를 만들 수 있다는 것이 발견되면서 다른 지역에서는 찾아볼 수 없는 소스라는 독특한 조미료가 발달했다.

그중에서도 소스 요리가 특별히 부각된 지역은 프랑스로 지금은 버터, 크림, 밀크 등의 유제품이 기본을 이루고 있는데 대표적인 베차멜 소스(bechamel sauce)도 밀크가 주원료다. 영국에서는 각종 향신료를 중심으로 캐러멜이나 식초 등을 조합한 우스터 소스가 개발됐다.

이밖에는 스페인의 토마토·고추·마늘 등과 이탈리아의 올리브유 · 토마토 · 치즈류, 동유럽의 요구르트 · 파프리카 · 비트 (beet) 등을 들 수 있다.

조미료 문화는 복잡하고 절묘한 구성과 맛을 요구해온 미식의 역사이며 실크 로드나 인도 항로 등의 교역에서 볼 수 있듯 맛의 수준은 항상 동에서 서로 흘러갔던 것이다.

■ 맺음말을 대신해

어린 시절 바나나를 마음껏 먹어보는 것이 최고의 소원이었다.

하지만 지금 돌이켜보면 1년에 바나나를 몇 개나 먹고 있는지……?

콜라를 처음 마셨을 때는 그렇게 달콤한 음료수는 또 없을 것이라고 눈물까지 흘릴 정도로 감동했지만 최근 4, 5년 동안 단 한 방울의 콜라도 마신 기억이 없다.

이런 개인적 체험은 결국, 그것이 싼 가격에 일상적으로 손에 넣을 수 있게 되는 시점에서 식상하게 된 결과이며 단순히 기호가 바뀐 것에 지나지 않는다.

그러나 인류는 지금까지 음식에 대한 끝없는 호기심과 정열을 기울여왔다. 그것은 생존을 위해서라기보다는 어떻게 해야 좀더 맛있게 음식을 먹을 수 있는가 하는 점에 초점을 맞춘 호기심이고 정열이다.

이 책에서는 동서고금의 식생활을 소개했는데, 유럽이나 미국의 음식 문화에 대한 비평을 하는 것처럼 느낀 독자도 있을지 모른다. 하지만 인간의 솔직한 행동이나 발상은 이 책의 내용과 거의 다르지 않다고 말할 수 있다.

특히 의식주, 배설이라는 생존과 가장 밀접한 행위는 결코 아름다운 것이 아니고 인간의 본능적 심리가 그대로 드러나는 것

223

이라는 실상을 여러 가지 문헌을 통해서 배웠다.

앞으로도 다양하고 맛있는 음식이 더욱 개발되기를 바라며 글을 마친다.